〈全民阅读·经典小丛书〉

和孩子这样说话很有效

好父母常对孩子说的36句话

冯慧娟 编

吉林出版集团股份有限公司

版权所有　侵权必究
图书在版编目（CIP）数据

和孩子这样说话很有效：好父母常对孩子说的36句话 / 冯慧娟编. — 长春：吉林出版集团股份有限公司，2017.3
（全民阅读. 经典小丛书）
ISBN 978-7-5581-0992-8

Ⅰ.①和… Ⅱ.①冯… Ⅲ.①家庭教育-语言艺术
Ⅳ.①G78

中国版本图书馆 CIP 数据核字（2016）第 307243 号

HE HAIZI ZHEYANG SHUOHUA HEN YOUXIAO:HAO FUMU CHANG DUI HAIZI SHUO DE 36 JU HUA
和孩子这样说话很有效：好父母常对孩子说的36句话

作　　者：冯慧娟　编
出版策划：孙　昶
选题策划：冯子龙
责任编辑：侯　帅　王　媛
排　　版：新华智品
出　　版：吉林出版集团股份有限公司
（长春市福祉大路5788号，邮政编码：130118）
发　　行：吉林出版集团译文图书经营有限公司
（http://shop34896900.taobao.com）
电　　话：总编办 0431-81629909　　营销部 0431-81629880 / 81629881
印　　刷：北京一鑫印务有限责任公司
开　　本：640mm×940mm 1/16
印　　张：10
字　　数：130千字
版　　次：2017年3月第1版
印　　次：2019年6月第2次印刷
书　　号：ISBN 978-7-5581-0992-8
定　　价：32.00元

印装错误请与承印厂联系　　电话：18611383393

前言
FOREWORD

"人之初，性本善。性相近，习相远。"意思是说幼小的孩子就像一块未经雕琢的璞玉，他们的性情如何发展完全取决于后天所受到的教育。父母是孩子最亲近和最尊敬的人，也是孩子最好的老师，一个孩子从牙牙学语到蹒跚学步，始终离不开父母的扶持和呵护，孩子的健康成长更离不开父母的正确教育和引导。

在孩子眼里，父母是最伟大的人，他们无所不能，是自己最有力的保护神。可以毫不夸张地说，父母的态度常常影响着孩子的悲欢喜乐，他们一句赞扬的话、一个鼓励的眼神，都可能成为孩子奋发向上的动力。

当孩子失败的时候，对他说一句："别怕，再试一次！"

当孩子成功的时候，对他说一句："你做得很好，爸妈为你高兴！"

当孩子想要表达自己意见的时候，及时地询

和孩子这样说话很有效
好父母常对孩子说的36句话

问一句:"你有更好的主意吗?"
……

　　这些话语就像雪天里的炭火,温暖了他们幼小的心灵。这是每一位父母都要认真学习的功课,也是本书要告诉你的教育真谛——学会在正确的时候对孩子说正确的话,并把其融入教育孩子的方方面面,使其成为与孩子沟通时不可或缺的组成部分。

　　读这本书,你将学会好父母常对孩子说的一句句金玉良言!它将教会你在对孩子失去耐性的时候,如何镇定下来去欣赏孩子的优点;它将教会你如何恰当地表达对孩子的爱,不放纵不溺爱;它将教会你成为天下最优秀的父母。

　　走进孩子的内心世界,做称职父母的第一课就是——学会好父母常对孩子说的36句话!

培养孩子的美德时，请这样说…… / 009

勇于承认错误，才是真正的勇敢 / 010

说大话不是好孩子的行为 / 015

有礼貌的孩子才讨人喜欢 / 019

答应别人的事情，怎么可以反悔呢 / 022

把你的东西与人分享，别人的东西才会与你分享 / 026

爱护公共卫生，不要乱丢东西 / 030

鼓励孩子时，请这样说…… / 035

你完全可以胜任 / 036

和孩子这样说话很有效
好父母常对孩子说的36句话

别怕，再试一次 / 041

别泄气，妈妈支持你 / 045

你一直都很勇敢，我相信你 / 049

孩子，你该自己拿主意 / 053

不要紧，做错了没关系 / 057

培养孩子的好习惯时，
请这样说…… / 061

自己能做的事情自己做 / 062

先把重要的事做完，再做其他的事情 / 066

懂得珍惜时间的孩子最聪明 / 070

爱读书的孩子才有出息 / 074

玩完玩具后要收起来 / 078

多做运动，会长得又高又壮 / 081

目录
CONTENTS

询问孩子时，请这样说…… / 085

你喜欢哪一样 / 086

我能听听你的意见吗 / 090

我能跟你聊聊吗 / 094

你有更好的主意吗 / 098

你对爸妈的决定有什么意见吗 / 101

你这么做的时候，心里是怎么想的 / 105

面对孩子不理想的成绩时，请这样说…… / 109

不要紧，我知道你一直在努力 / 110

别灰心，只是一次没考好，还有下次呀 / 114

你比上次有进步 / 118

这道题你做对了，真棒 / 122

和孩子这样说话很有效
好父母常对孩子说的36句话

我们一起来找找没考好的原因 / 125

诚实比分数更重要 / 129

表扬孩子时，
请这样说…… / 133

这件事情你做得很仔细 / 134

你这次做事很有条理 / 137

你能自己把它做好，我真高兴 / 140

愿意为妈妈分忧，你真是个好孩子 / 144

这个主意听起来不错 / 148

你能够照顾别人的情绪，这是进步 / 152

培养孩子的美德时，请这样说……

　　一个才华横溢的人，只有具备了做人的美德，将来才可能有一番作为。从古至今，有许多杰出的成功人士，首先都是以人格的力量来征服别人的，其次才是他们的智慧。所以，在教育孩子的问题上，培养美德是重中之重。培养孩子的美德时，父母请这样说……

勇于承认错误，
才是真正的勇敢

由于孩子年龄比较小，往往缺乏是非观念、责任意识，很多时候他们对自己所犯的错误认识不够深刻。有时为了免受父母的责骂，孩子还会狡辩甚至撒谎。面对这些情况，很多父母都难以容忍，甚至还会给孩子扣上一些诸如不诚实、爱说谎的"帽子"。其实，家长们大可不必太紧张，不要觉得自己培养了一个爱说谎的孩子。因为这种"不承认"或者"辩解"的行为从某种角度上看也是一个好的信号，它说明孩子已经知道自己做的事情并不是一件"光明正大"的事，而是犯了错误。随着孩子年龄的增长和知识的增加，他们将逐渐学会知错就改。父母也应该正确对待犯错的孩子，避免使用责骂、逼迫等粗暴方式，而应该采取正确的手段鼓励孩子，让他们认识到勇于承认错误才是真正的勇敢。孩子只有在父母的引导下，才能够建立起道德意识，使自己更真诚、更善良。

小明的妈妈很爱干净，家里的东西她总是摆放得整整齐齐，地板每天还要认认真真地擦三次，对于乱扔垃圾的事情她更是不能容忍。有一天，小明的妈妈下班刚进家门，就发现地上扔着一张已经用过的纸巾，于于是就把小明叫了出来。

小明看到地上的那张纸巾，一下子就明白了怎么回事。

妈妈温和地问小明："这纸巾是谁扔的？"

小明低着头，小声地说："不是我扔的。"

"可是家里就你一个人在啊！而且妈妈早上出门之前也擦过地的。"

小明的头压得更低了，但是仍旧坚持说："反正不是我扔的。"

妈妈有些生气了，但还是温和地对小明说："妈妈喜欢主动承认错误的好孩子。如果你承认了，妈妈是不会批评你的。"说完她故意等了一会儿，但是小明还是没有承认的意思。

于是妈妈决定换一种方法。她拉起小明的手，让他和自己一起坐在沙发上，然后对小明说道："其实要知道纸巾是谁扔的很容易，只要打电话给警察叔叔就可以了。谁拿过纸巾，纸巾上就会有他的指纹。警察叔叔用一个仪器一测，就知道是谁了。小明你说，妈妈要不要打电话给警察叔叔呢？"

小明紧张地抬起头来，看到妈妈一副和蔼的样子，终于慢慢站起来，小声地说道："妈妈，对不起，纸巾是我扔的。"

"那刚才你为什么不承认呢？"

"我害怕妈妈批评我。"

"不会的，只要勇敢地认错，就是好孩子，妈妈是不会批评勇敢的孩子的。"

这时候，小明快乐地跑过去，捡起地上的纸巾，扔在了身边的垃圾桶里。妈妈走过去抚摸着小明的头说道："记住，做错了事就要敢于承认，勇于承认错误才是真正的勇敢啊！"小明不好意思地点点头，然后开心地笑了。

现在的父母总觉得比过去的父母要难当，因为他们认为现在的孩子不听话、爱撒谎。其实，孩子偶尔做错了事，为了免于受责罚而说谎，并不是出于什么恶意，只是慑于父母的威严才这么做。当孩子做错事的时候，父母不能一味地惩罚孩子，光有教育好孩子的想法是不够的，还需要一些技巧。尤其是当孩子犯错误的时候，父母需要在第一时间教导孩子勇于认错，让孩子在小的时候就养成好的行为习惯，并让这种好习惯成为自然。

3岁的小庭很喜欢电影《玩具总动员》中的巴斯光年。有一次，妈妈从商场给他买了一个巴斯光年的玩具。一天，妈妈出门的时候把玩具放在了桌子上，小庭很想玩，可是桌子太高了，他怎么拿也拿不着。然而小庭并没有放弃，他的小手努力、再努力地往上伸，终于摸到玩具了。可是，就在这时，玩具从桌子上掉了下来，摔坏了。小庭十分紧张地看着地上的玩具。这时，正好妈妈从外面回来了，看到地上坏掉的玩具，她立刻就问小庭："你知不知道巴斯光年是怎么掉下来的呀？"小庭害怕挨骂，急忙摇头说："我也不知道。"

妈妈发现小庭的表情怪怪的，显然是没说实话，于是就提高了声音说："是不是你弄坏的？"小庭看到妈妈阴沉着脸，就更加不敢承认错误了，于是也就大声地说道："反正不是我弄坏的。你又没有看到，凭什么说是我弄坏的？"看到这么小的孩子就敢和自己撒谎，妈妈气坏了，拉过小庭就在他的屁股上打了一巴掌。小庭"哇"的一下子就哭了起来。

看着孩子的小脸上挂着泪，妈妈的心里别提多难过了。但是，她不知道小庭之所以不认错，是因为自己的批评和打骂所致。

专家支招：

让孩子勇于承认错误

1. 不要给予过于严厉的惩罚

孩子的年龄比较小，难免会犯错误或者撒谎。无论孩子犯什么样的错误，父母都要记住：教育方法不能过于简单、粗暴。孩子之所以不敢认错，很多时候都是由于父母采取了不合适的惩罚方式造成的。孩子虽小，但也有自尊心。如果父母对孩子的撒谎行为不是呵斥就是打骂，就会使孩子常常处于惊恐万状、无所适从的状态。最好的办法是采取和风细雨式的循循善诱，而不是暴风骤雨式的斥责打骂。

2. 帮孩子弄明白什么是对什么是错

很多孩子之所以犯错误是因为他们缺乏判断是非的能力，故意去犯错的孩子非常少。因此孩子犯了错，就需要父母主动去帮孩子弄明白什么是对的、应该怎么去做。比如三四岁的孩子，常会把衣服纽扣扣错位、把两只鞋子穿反；再大一点的孩子，有的时候也会在玩耍时把衣服弄破，或是为了探个究竟，把新买的玩具拆得乱七八糟等。这些都是孩子的生理和心理特点造成的，父母不应该过多地责备孩子，更不要说那些如"你真笨"等伤害孩子自尊心的话，而应该在"如何做"上给予具体指导，帮助孩子分析错在什么地方及其严重程度、不良后果等，告诉孩子应该怎样去做。只有这样才能不断丰富孩子的生活经验，激发他们主动进取的愿望，使他们在一次次战胜错误中学到更多的本领，最终学会自己辨别对与错。

3. 鼓励勇敢认错的行为

在孩子犯错误的时候，父母不要急于追究错误的大小，而应当把重点放在如何帮助孩子勇敢地承认错误上。父母应该鼓励孩子说实话，以亲切的态度告诉孩子："做错了事不要紧，只要勇敢地承认错误并愿意改正，就是好孩子。"要让孩子认识到勇于承认错误才是真正的勇敢。有些父母在孩子不敢承认错误的时候会对孩子说："没事没事，只要承认了错误，妈妈就不会追究这件事了。"可是当孩子承认错误之后，却又一改先前的态度，对孩子进行体罚。这种做法是非常错误的。这样不但会损害父母在孩子心目中的形象，而且会让孩子在以后犯错的时候更加倾向于选择撒谎，形成恶性循环。孩子能够承认错误，这是需要极大勇气的，父母应当对这种行为进行鼓励，有时候还应当适当地给予其物质奖励。

说大话不是
好孩子的行为

儿童学家指出：如果一个孩子总爱与其他小朋友比较，夸大其词地称赞自己，可以肯定地说：他平时没有从父母那里得到足够的赞赏，所以通过说大话来体现自己的价值；也有一种情况是因为孩子受到的称赞太多了，使他感觉到只有不断地自我夸大和赞赏才能说明自己是非常优秀的。此外，如果一个孩子突然开始过分地自我赞赏，也可能是因为受到新的伙伴的压力影响而做出的反应。因此，父母需要密切注意孩子周围环境的变化，观察和了解孩子是在模仿其他小朋友的做法还是在嘲笑他人。父母还需要和老师及时地进行沟通，从而得到更加全面和准确的信息。

"我们家有很多很多好东西，光小轿车就有三辆：一辆是宝马，一辆是奔驰，一辆是奥迪。我爸爸总是换着车开到学校门前接我。"孙果和父母回乡下看望姥姥时，对姥姥邻居家的小孩如是说，他显得非常自豪。

"是吗？你们家可真富有！我真羡慕你啊！"邻居的小孩眼睛直勾勾地看着孙果说。

爸爸无意中听到了儿子和邻居小孩的对话，感到非常惊讶：儿子怎么能吹牛说大话呢？

"说大话就是不诚实的表现，有必要让他及时纠正。"爸爸心里想，"但直接指出可能不大好，不如找个恰当的机会和儿子好好谈谈。"

从姥姥家回来后，在一个周末的早晨，爸爸把孙果拉到客厅的沙发上，让他坐下，然后对他说："如果我们家有一辆小轿车多好啊！我们以后再去姥姥家就不用去挤公共汽车了，你放学时我还可以去接你。"

看孩子不说话，爸爸接着说："你上次在姥姥家和邻居的小孩说咱们家有小轿车，这是说大话的行为。这是你的美好愿望，但是我们家确实还没有小轿车，而你竟然还说有三辆，这就更不对了。说大话不是好孩子的行为啊！"

随后，爸爸给孙果讲了几个名人小时候就很诚实的故事，孙果听了很受启发。最后，孙果表示以后一定不说大话吹牛了，要做一个惹人喜爱的好孩子。

一般来说，孩子都有较强的好胜心理，总是希望自己比别人好、比别人强。为了在和他人的比较中获胜，孩子们往往会夸大其词，一些孩子甚至通过编造离奇的情节来出奇制胜，这就是"吹牛"。在上面这个故事中，孙果的表现就是说大话的行为，但爸爸利用恰当的时机很好地教育了孙果。

李娜现在上小学四年级，她性格活泼，和同学们相处得很好，很招人喜欢，但却有爱吹牛的毛病。

当同学谈论最新款的MP3、电脑游戏时，李娜总表现出一脸不屑的样子，说："这些我早就买了，我早就玩过了。"她把自己的家庭条件说得很好：爸爸妈妈都是高级白领。同学们爱听什么，她就说什么。当有同学提出想到她家去玩时，她就找出各种理由搪塞。

其实李娜所说的这些东西，她家里一样也没有。对于这样的情况，父母如果及时发现就一定要督促孩子改正。否则，时间久了之后，孩子就容易养成说大话的习惯，这对孩子的成长是十分不利的。

专家支招：

实事求是的孩子最可爱

1. 父母要认识到孩子说大话的危害

说大话的危害是很多的：不利于孩子形成诚实的品质；不利于培养孩子脚踏实地、实事求是的做事风格；不利于孩子很好地与人交往；同时也不利于孩子形成严密准确的语言习惯。由于孩子年幼、社会经验不足，或许并不能及时地认识到这一点，这就需要父母对孩子进行必要的教育，让孩子切实认识到说大话的危害性。

2. 了解孩子爱说大话的原因

一般来说，孩子爱说大话的原因主要有以下几种：①由于孩子知识少、经验少，对接触到的事物缺乏足够的认识，在不能表述其所认识的事物时，就会出现表述失真的现象，这属于孩子非故意的说大话行为。②孩子还容易把渴望拥有的事物当成现实存在的。孩子具有丰富的想象力，有较强的好胜心，总希望自己比别人强，他们往往会把自己所憧憬的、渴望的东西当成实际存在的说出来。③说大话可能也源于孩子强烈的自我表现欲望，小孩子的自我表现程度比成人强烈很多，为了表现自己，引起人们的注意、显示自己了不起，一些孩子就通过说大话来实现。

3. 帮助孩子改掉爱说大话的习惯

第一，发展孩子的认知能力。父母要对孩子进行如何正确观察事物、客观表述事物的教育，丰富孩子的知识、经验，最终达到让孩子能正确认识事物的目的。第二，使孩子能够很好地区分开想象与现实。父母可以通过一些活动，让孩子知道想象与现实的不同。第三，教育孩子正确认识自我，认识自己的价值、认识与群体的关系等。第四，父母要为孩子做出榜样，尤其是当着孩子的面的时候，尽量避免说大话的行为。第五，要与老师及时沟通孩子的情况。父母要在平时多和老师进行沟通，了解孩子在学校的言行举止，共同培养孩子的诚实品格。

有礼貌的孩子
才讨人喜欢

　　一个人只有具备了良好的行为举止，才会在与人交往中受欢迎。当然孩子不可能生下来就懂礼貌，因此，培养他们讲文明、懂礼貌，做父母的责无旁贷。但在日常的生活中，很多父母除了教孩子说"请""谢谢"外，并不知道在培养孩子讲礼貌方面具体应如何做。其实，对孩子的礼貌教育是日积月累的事情，父母每天都有教育培养孩子的时机，关键看父母能不能把握这些机会。

　　军军今年6岁了，父母和爷爷奶奶对他非常溺爱，因此军军十分任性，有时他的脾气上来了，家里人都拿他没办法。为此，军军的父母非常头疼。在学校里，军军也很不受欢迎。在与同学、朋友的交往中，他常常表现得自私、任性、没有礼貌。

　　在学校里，每次轮到军军值日时，他不仅不动手打扫卫生，还时常用命令的口气对其他同学说："少我一个人打扫也不影响什么，我才不扫呢！你们自己扫吧！"如果军军犯了错，老师对他稍加批评的话，军军就会瞪着小眼睛狠狠地看着老师，摆出一副霸道的样子，好像在说："你凭什么批评我？我才没有错呢！"每每这时，老师都会不了了之。慢慢地，同学们都不爱和军军玩了。

军军的表现越来越不像话了。妈妈决定要好好教育军军一番。这天，妈妈把军军叫到跟前，说："据我了解，你们班的老师和同学现在对你的意见很大，是这样吗？"

军军睁大眼睛看着妈妈，说道："不知道，我才不管这个呢！"

妈妈接着说："他们说你霸道、任性、没有礼貌，你喜欢这样吗？儿子，如果你以后还是这样，慢慢地大家就会离你远远的，谁也不愿意和你玩了。要知道，有礼貌的孩子才讨人喜欢。做一个大家都喜欢的人，你的朋友才会越来越多，生活才会更快乐。你不渴望这些吗？"

妈妈的这番话触动了军军，他非常想拥有很多朋友，于是他向妈妈保证以后一定和同学们好好相处，让他们都喜欢和自己玩。

此后，妈妈有时间就带着军军去散步，给他讲一些与人为善、如何与人相处的故事。时间一长，军军的性格果然有了些转变。在后来的一次班级举行的讲文明、懂礼貌的表演比赛中，军军还获得了一等奖。渐渐地，小朋友们开始喜欢军军了，也爱和他玩了。

如果父母发现孩子无论是在家里还是在外面都表现得没有礼貌，那就要反省自己的教育方式了。因为如果父母对孩子过于溺爱，就会使孩子养成霸道、任性的性格，如果任其发展的话，结果将是十分糟糕的。此时，父母就要立即教导孩子："你这样的态度和行为是不受人欢迎的。"

在现代社会，很多孩子都是独生子女，父母往往非常娇宠孩子，使孩子形成了任性无礼、骄横、自大的性格。这种情况应该引起父母的重视，父母一定要教育孩子讲文明、懂礼貌，做一个有教养的人，这有利于提高孩子的修养，对孩子与他人的和谐交往也有促进作用。

专家支招：
让孩子成为一个懂礼貌的人

1. 提前告诉孩子应注意的问题

如果父母计划带孩子去公园玩，或者去参观展览，在去之前就要教育孩子注意行为举止。比如，父母可以和孩子共同背诵在公共场所要注意的事项，这样就可以防患于未然，不至于当孩子发生不礼貌、不文明的行为时才去补救。

2. 容忍年幼的孩子的过错

孩子的一些正确的行为举止是慢慢学会的，尤其是年幼的孩子，他们需要一点点地学习，才可能懂得什么是有礼貌的行为。比如，幼儿时期的孩子，吃饭时往往会把饭弄得到处都是，甚至拿不稳东西导致东西被摔坏。对于孩子的这种行为，父母要学会接受、容忍，因为这是与孩子的年龄阶段有关的一些情况，不是孩子有意的不讲文明礼貌的行为。

3. 教给孩子具体的礼貌行为

父母对孩子的礼貌行为的教育要长期坚持不懈地进行，让孩子做到天天都要讲礼貌，而且要平和地提醒孩子的不礼貌行为。这样坚持下去，相信在不久后，父母就会看到自己的孩子成了一个非常有礼貌的人。

答应别人的事情，怎么可以反悔呢

要让孩子遵守承诺，父母首先要守诺言，要告诉孩子，既然承诺了，就要信守诺言，不可以出尔反尔。父母是孩子的镜子，当父母不遵守诺言时，孩子也会视诺言如儿戏。他们会从欺骗中学会欺骗，从不守诺言中学会言而无信。其实，孩子的问题就是父母的问题。站在一面残缺的或变形的镜子前，孩子也必定是残缺的、变形的。不遵守诺言，不但会玷污孩子纯洁的心灵，还会导致孩子对父母和长辈的不信任和不尊敬。

星期五上完最后一节课，在同学们收拾书包准备回家的时候，周红对张丽说："晚上到我家去看动画片《人猿泰山》吧！我自己看没意思。"张丽爽快地答应了。

周红高高兴兴地回到了家。但还没等周红站稳脚跟，妈妈就对周红说："赶紧换身衣服，咱们到你爸爸的一个同事家去吃饭。"

听到妈妈这样说，周红对妈妈说："但是过一会儿我同学张丽要来咱们家看动画片，我都答应人家了，可我又非常想到叔叔家去玩。哎，不管了，动画片什么时候都可以看，先到叔叔家再说。"

爸爸妈妈听到周红事先已经答应同学来家玩，就一起严肃地对周红说："你这样做可不行，答应别人的事情，怎么可以反悔呢？这可不是好孩子的表现。你还是在家等你同学，和她一起看动画片吧！"

周红看到爸爸妈妈严肃的态度，也觉得本来与张丽约好的，到时候再爽约确实是自己不对，不应该那样做，于是就对父母说："那好吧，我听从你们的建议，等下次再和你们一起去叔叔家玩吧！"

答应别人的事就要做到，这是做人的最起码准则。做父母的绝不能姑息、迁就孩子失信的行为，这对孩子一生的品德培养是非常重要的。故事中周红的父母就为我们树立了一个很好的榜样。

为了让自己能够按时起床，乐乐和爸爸定了一个口头协定：乐乐必须早上按时起床，否则爸爸妈妈会将这一行为视同乐乐自动放弃早餐，而且，乐乐要为自己的行为负责。

结果，刚约定完这个协定没几天，一天早晨，乐乐起床就晚了半个小时，超过了他们协定中规定的时间。当乐乐来到饭厅时，爸爸妈妈早已把餐桌收拾得干干净净了。乐乐的早餐当然也被收走了。

乐乐看着爸爸，动了动嘴巴，似乎想要为自己起床晚了进行解释。爸爸看到了乐乐的举动，先开口说道："对你起床晚了半个小时没吃到早餐的事，爸爸表示遗憾。我也很想把牛奶和面包留在你的位置上，但我们以前有过约定，谁都不能随意破坏它，你说对吧？鉴于这次的教训，以后你就应该按时起床。"

在这个故事中，惩罚乐乐并不是最重要的，重要的是要让他知道，他和爸爸以前的约定是认真的，是必须遵守的。

> 专家支招：

让孩子言而有信

每一个人要想在社会上立足，首先要做到的就是言而有信。要想让孩子从小就养成言而有信的习惯，父母应该这样做：

1. 提醒孩子兑现自己的诺言

孩子许诺后，如果忘了兑现，后来却发现自己没有守信，也没有被其他人发觉，也没有产生什么不好的后果，这样的话，孩子就会看淡诺言，以后可能就不拿许诺当回事了。

2. 父母要兑现对孩子的许诺

如果父母向孩子许诺后，由于多种原因一时不能兑现，要跟孩子解释清楚，然后及时兑现；不要想当然地认为孩子很小，不会拿这种事当真，在哄孩子或要求孩子做什么事情时随口许下很多吸引孩子的诺言，比如给他买变形金刚玩具、带他去动物园玩，等等。当孩子真的变乖了，父母就会很快忘记了先前的诺言，或者是用其他的话语搪塞过去。这样做就会使孩子误认为许诺可以用来达到某种目的，而不一定非得遵守。

3. 不要逼孩子许下不切实际的诺言

在现实生活中，有些父母总爱问孩子："长大了怎么报答爸爸妈妈啊？"有些孩子为了讨得父母的欢心，就会说"我要让你们住上最漂亮的房子""给你们买飞机、轮船、火车"等话。其实父母这样做对孩子的心理健康很不利，这是因为：一方面孩子通过这种方式学会了使用大而空的诺言取悦别人；另一方面孩子若许下这种不切实际或不能兑现的诺言，在一定程度上就会影响诺言在孩子心中的威严和重要性。因此，父母一定不要有意无意鼓励孩子利用不可能兑现的诺言取悦别人。

4. 及时表扬兑现诺言的孩子

如果孩子确实是忘记了遵守诺言，或者客观条件不允许孩子兑现自己的诺言时，父母要及时对孩子进行教育，使其增强对诺言的重视度，并教导孩子向许诺的对象解释、道歉；而如果孩子及时兑现了诺言，父母应该及时地给予其鼓励和表扬。

把你的东西与人分享，
别人的东西才会与你分享

> 孩子不懂得将自己的东西与别人分享，这其实是一种自私的表现。而一个孩子的自私心态的轻重将会对他的人生产生很大的影响。一个孩子如果给别人的感觉是非常自私的，那么他将会失去很多小伙伴，大人也会讨厌这样的孩子，在学校里他也不会得到老师的表扬。长期下去，这样的孩子将会更加自私和贪婪。因此，当孩子有了自私的表现时，做父母的千万要给予重视。

亮亮是小区里公认的长得最漂亮的小男孩，而且人缘也最好，人们都很喜欢他。在小区里的小朋友中，他的玩具最多，而且都是一些很特别、很好玩的玩具。亮亮的家庭条件比较优越，妈妈一天的工作就是照顾他的饮食起居，家务事都是由他家雇用的保姆完成。每天上午，当小朋友们在小区儿童乐园嬉戏的时候，总能看见妈妈带着亮亮出来玩，而且每次亮亮总是抱着一堆玩具。

这一天，亮亮带来的是一辆非常漂亮的能坐在里面驾驶的儿童车，无论是外观还是车里面的装备都令小朋友们非常羡慕。但今天婷婷也有令小朋友们羡慕的玩具——一个很大很高而且自己会动的玩具熊。亮亮看到了玩具熊，也很喜欢，也想玩玩。

婷婷看到亮亮的玩具车后，想开一开，于是就对亮亮说："亮亮哥哥，给我开一下可以吗？"亮亮的这辆车是爸爸昨天从美国刚买回来的，今天是他第一次玩，他自己还没玩够呢，所以他大声地对婷婷说："不给！"婷婷说："那咱俩交换吧。你玩我的玩具熊，我玩你的玩具车，怎么样？"亮亮说："那不行，我的玩具车很贵的，玩坏了你可赔不起。我先玩你的玩具熊，等我把这两个玩具都玩够了，再把它们给你玩！"

婷婷听亮亮这样说，很失望，于是转身准备离开。此时，亮亮不干了，吵着闹着非要玩婷婷的电动玩具熊，还不让婷婷走。

亮亮妈妈看见了，来到亮亮身边，蹲下来对亮亮说道："你是不是想玩婷婷的玩具呢？你看这样好不好，你们俩的玩具交换着玩，这样多好啊！把你的东西与人分享，别人的东西才会与你分享，咱们亮亮可是大方的好孩子！"

听到妈妈这样说，亮亮的小眼珠转了转，他想了想，然后来到婷婷面前，拉起婷婷的一只小手说："咱俩的玩具交换着玩吧！"

在现今社会，很多孩子都是独生子女，生活条件比较优越，特别是父母和老人的娇宠，无形中助长和强化了孩子们的自我中心意识。他们只知道享受和索取，不知道付出和奉献。长期下去，孩子就逐渐形成了不懂得与他人分享的自私性格。

要改变孩子的这种性格，父母应予以充分重视，并下大力气进行教育。特别是孩子在与别人玩耍的过程中表现出自私行为时，父母应尽可能地让孩子认识到和别人分享自己东西的重要性。父母可以通过讲道理的方式，让孩子自己解决他们之间的矛盾。当父母确实想表达自己的意见时，可以提出双方都能接受的方法使双方和解，而不能袒护任何一方。上述故事中亮亮妈妈的做法就很值得称道。

专家支招：

让孩子在共享中成长

每一个人只有分享了自己的东西才能够得到别人的东西，这是一个礼尚往来的基本道理。当孩子表现出自私时，父母应该这样做：

1. 让孩子多与小伙伴们玩耍

父母平时可以多让孩子带着玩具到小区里的小伙伴家玩，也可以让孩子的小伙伴到自家来玩，通过这样的方式使孩子在玩耍中学会分享。只有多实践，孩子才能不断在共享中学习，并逐步养成和别人分享的习惯。

2. 为孩子做个好榜样

宽容友爱、温馨和谐的家庭氛围对孩子形成宽容的善良品质是十分重要的。父母可以让孩子从身边一点一滴的小事做起，例如：在全家吃水果时，可以让孩子先把水果一个个分给家人，这样既能使孩子体会到自己独立做事的乐趣，又能使孩子因为得到家人的称赞而感到满足。

3. 让孩子体会到分享的好处和乐趣

举例来说，当孩子双手使劲抱着自己的皮球不肯放手时，父母可以引导他将球抛给自己的小伙伴，再让对方扔回来，如此一来一往，建立起一个轻松愉快的玩耍氛围，让孩子慢慢体会和别人一起玩自己东西的乐趣。

4. 教孩子养成分享的习惯

对于父母来说，教孩子养成与人分享的习惯非常重要。父母可以这样教导自己的孩子：对大家都喜欢的玩具不要争抢，可以先让别人玩一会儿，自己再玩一会儿，大家轮流玩。这样的做法能使孩子遇事时先想到别人。孩子和伙伴们的关系搞好了，才能玩得更高兴。

爱护公共卫生，
不要乱丢东西

随着社会的发展，人们的环境意识越来越强烈，这标志着人们文明程度的普遍提高。培养一个孩子爱护公共卫生的习惯，需要从小进行教育引导。一个干净、卫生的环境对孩子的成长是十分必要的。培养孩子爱护公共卫生的习惯，让他们学会不乱丢垃圾、不乱写乱画，不但能够维护公共卫生，同时也可以培养孩子良好的道德习惯和高尚的道德品质。这一点不可小视，因为一个懂得爱护公共卫生的孩子也必将能够成长为一个有品位的人、一个高尚的人。

小明是小学四年级的学生。不久前，学校为了培养学生们的兴趣爱好，开设了好几个兴趣班。小明从小就喜欢书法和绘画，于是就报了一个美术班。

美术班的绘画教室很大，每天上课的时候，都有80多名学生在里面学习美术。小明很喜欢画画，有一次，他让妈妈下班后早点去接自己，这样妈妈就可以看到自己在教室里面学习画画的场面了。

妈妈很高兴，就答应了。第二天，妈妈下了班之后，就早早地来到学校。小明在绘画教室里面正愉快地画画，看到妈妈在窗外看着自己，就更加高兴了。他把颜料盒拿出来，开始专心地调颜料，调好了颜料，又觉得颜料有点多，于是就直接把颜料盒里的颜料倒了一点在教室的地上，然后开始画画。一连画了两张他都觉得不怎么好，于是就干脆把两张纸撕下来，随手扔在地上，然后重新画。

下课的时候，小明兴冲冲地拿着自己画好的画走出了教室，递给妈妈看。妈妈看着一脸高兴的小明，表扬了他的画。

晚上回到家，晚饭过后，妈妈对小明说："小明，今天的画画得真不错。可是在教室里面，你怎么把绘画的颜料倒在了地上，而且还把画画的废纸乱扔在地上呢？"

小明听了，不以为然地说："这有什么？大家都是这么做的。再说了，学校给每个画室都安排了高年级的同学定期打扫卫生呢，反正有人做清洁，随便乱扔也没有关系啊！"

妈妈看着小明不以为然的样子，严肃地说道："虽然有人专门打扫卫生，可是你有没有想过，打扫卫生的大哥哥大姐姐们是不是很辛苦啊？你也知道，绘画颜料是很难清洁得掉的，如果让你做清洁时遇到这样的事情，你会怎么想呢？"

在妈妈的批评和教育下，小明渐渐明白了自己的错误。此后，他不但自己很爱护绘画教室的卫生，而且还主动纠正其他同学不爱护卫生的行为。期末的时候，老师还专门发给小明一个"清洁小卫士"的奖状，小明别提多高兴了。

虽然教室有人负责打扫，但是维护公共卫生的良好习惯却并不能因此而中止。对一个孩子来说，很多时候他们不能够分辨自己行为的对与错，只是凭借自己的一时兴致就做出某些事情。随手乱扔垃圾可能是一种无意识的错误行为，当孩子这样做的时候，父母不能听之任之，而应该及时地进行纠正。做父母的尤其要注意，不能为孩子树立反面的典型，不然的话，孩子就会效仿父母，从而养成坏的习惯。

小鹏的家所在的小区附近有一个环境很好的公园，每天傍晚吃过饭之后，妈妈总会带着小鹏去公园里面散步玩耍。公园里的风景很好，绿色的草坪、高大的树木、大大的人工湖，还有许多造型各异的雕塑。

每次到这里玩的时候，妈妈都会让小鹏爬到一只梅花鹿的塑像上面玩耍。梅花鹿的塑像原本很白，可是渐渐地，随着小鹏爬上爬下的次数越来越多，塑像的上面留下了很多黑乎乎的脚印。有时候，妈妈和小鹏去公园玩耍的时候还会随身带上一些瓜子，边走边吃。刚开始的时候，小鹏的妈妈还会带上一个塑料袋专门盛放瓜子皮，可是时间久了嫌麻烦，妈妈干脆就随地乱扔起来。有时候，小鹏把吃过的零食的包装袋也就随手丢到了身后。

时间久了，小鹏也开始养成了坏习惯，不管是在学校还是在路上，常常随手乱扔垃圾，甚至有时候在家里也是如此。妈妈说了好多次都不见效。小鹏的妈妈就是不明白，为什么自己的孩子就养不成讲究卫生的好习惯呢？

> **专家支招：**

让孩子懂得维护公共卫生的重要性

1. 从点滴小事做起

爱护公共卫生，需要从点点滴滴的小事抓起。对孩子进行这方面的教育，也应当从生活中的细枝末节着手。父母应当以朋友的身份引导孩子树立环保意识，在平时与孩子相处的时时刻刻，都要注意培养这方面的意识。如在公园玩耍的时候，父母应叮嘱孩子不要乱扔垃圾、不乱折花木；在动物园里的时候，要嘱咐孩子不要乱打小动物等。如果父母能够坚持这样做，时间久了自然可以收到意想不到的效果。父母要从这样的小事做起、从细微处着手，潜移默化地影响孩子。随着年龄增长、知识增多，孩子参加环境保护的活动多了，对环保的意义理解得深了，就会自然而然地形成一种积极的环保意识，对大自然产生热爱之情。

2. 引导孩子参加相关的公益活动

父母可以在适当的时候鼓励孩子多参加一些维护公共卫生、保护环境的公益活动。父母可以和学校一起组织孩子们进行一些诸如"爱护环境从我做起""爱鸟的同时请爱护环境""请不要随手乱扔垃圾"的主题活动，让孩子们走进公园、走进社区，通过切身的体验，深化孩子对爱护公共卫生的重要性的认识。

3. 注意选择合适的方式

在向孩子传授爱护公共卫生等知识的时候，父母可以采取暗示和启发的方式，如在讲到吐痰对公共卫生的危害时，可以用故事熏陶的方法，用童话的口吻叙述细菌传播的途径，让孩子们听了之后具有更加形象的认识，激发他们爱护公共卫生的热情。

鼓励孩子时，
请这样说……

面对困难，孩子们的反应是多种多样的。有的孩子信心满满，勇敢地向困难挑战；有的孩子畏缩不前，总希望父母能帮助自己。也许，孩子眼中的困难在父母眼里不算什么，很多父母也就举手代劳了。殊不知，这样反而加重了孩子的依赖心理，让孩子在困难面前变得更加懦弱。所以，当孩子的勇气不足时，父母请这样说……

你完全可以胜任

> 孩子就像一只正在成长的小鸟一样，很多时候都需要在实践中不断进步。如果父母不能够意识到这一点，孩子就不能很好地成长。孩子需要不断进行新的尝试，而由于社会经验不足，孩子在进行这些尝试的时候，往往会显得信心不足，这时候就需要父母对孩子进行适当的鼓励。一个孩子能够发现自身的价值和能力，往往是因为父母的信任和鼓励。孩子们渴望得到大人的信任，希望大人"委以重任"，也只有在父母的信任中，孩子才能够不断进步、健康成长，这样成长起来的孩子才能充满自信。

贝尔从小就很喜欢唱歌，在他5岁的时候，贝尔的爸爸想让孩子得到更多的锻炼，于是就把他推荐给唱诗班的威勒先生。

威勒先生是教堂唱诗班的负责人，同时也担任唱诗班成员们的音乐教师和指挥。他听了贝尔爸爸的想法之后很高兴，立刻答应训练贝尔，他相信贝尔会是一个出色的歌手。

贝尔的爸爸去征求贝尔的意见，可是贝尔却显得有些为难，他觉得这些活动太浪费时间，会影响正常的学习。不过爸爸知道贝尔不愿意参加是因为对自己的演唱能力不够自信，于是就再三劝说贝尔去试一试。贝尔终于同意了。

每一个加入唱诗班的孩子都必须经过一次简单的考核。对贝尔的考核安排在一个星期日的下午。这个时间很多人刚刚做完祷告，因此教堂里人很多。威勒先生向大家介绍了贝尔之后，就开始准备为贝尔的演唱伴奏。

但是，贝尔看着周围这么多人，却无论如何也唱不出来。爸爸知道贝尔一定是太紧张了，于是就请威勒先生暂停一下，并把贝尔叫到了一边。他问儿子："贝尔，威勒先生已经在为你伴奏了，你为什么不唱呢？"

贝尔小声地回答道："我觉得自己唱不好。"

爸爸耐心地说道："你还没有唱呢，怎么就知道自己唱不好呢？你知道为什么威勒先生要把你的考核安排在星期日吗？"

贝尔抬起头看着爸爸，爸爸接着说道："那是因为威勒先生早就知道你唱歌很棒，所以才故意想让大家都来听听。要知道并不是每一个参加唱诗班的孩子都能够有这样的机会的。威勒先生还曾多次对我说，你来唱诗班之后一定能让唱诗班的歌唱水平提高很多呢！"

听爸爸这么说，贝尔一下子就来了精神。于是，他重新站在了风琴前面，这一次他唱得非常好。

贝尔之所以在短时间内有如此大的变化，一个很重要的原因就是爸爸的信任和鼓励。孩子的信心从何而来？一大部分都来源于别人的鼓励，其中父母的鼓励作用最大。对孩子的夸奖不仅表明了父母对他的信任，同时也能够坚定孩子的信心。只有孩子对自己充满了信心，才可能成为一个优秀的人。

在生活中，也有这样的父母，他们妄自尊大，对自己的孩子缺乏应有的尊重和信任。对孩子一些失败的尝试，他们不但不给予鼓励，反而无意间对其进行嘲讽。孩子的年龄虽小，却也能够十分敏锐地感受到父母的情绪。父母对孩子的嘲讽和漠视对孩子的成长是很不利的。

小玲上小学三年级了，刚开始学习写作文。小玲的语文成绩一向不算很好，所以刚开始写作文的时候她对自己的能力一点儿信心都没有。

有一天，小玲将自己写好的一篇文章给爸爸看，由于没有信心，她的眼中满是不安。小玲的爸爸看了这篇作文，发现这篇作文实在是写得不好，不但没有把事情交代清楚，而且句子也不完整，还有很多错别字。

爸爸直接就指出了这些问题，小玲听后低着头走开了。下午的时候，小玲拿着两个新的作文题目来找爸爸，说老师让大家从里面选择一个作为作业。说完这些之后，小玲还表示愿意写其中比较难的一个。爸爸看了之后，马上就说："你选的这个作文题目对你来说太难了。你的作文本来就不好，就写另一个吧。"

小玲小声地说："我还是想写第一个题目，写完了之后可以多修改几次……"可是小玲的爸爸没有听完这些话就转身离开，做别的事情去了。结果小玲就只好写了另一个比较简单的题目。

此后，爸爸发现小玲对作文越来越没兴趣，作文的水平也越来越差。他不知道，其实正是由于自己的做法不当才导致了这些问题的出现。

专家支招：

孩子的自信在于父母的培养

1. 因人而异，因材施教

任何一个孩子都渴望得到别人的信任和鼓励，父母对待自己的孩子都应该从实际情况出发，因材施教，采取恰当的方法鼓励孩子去尝试新事物。如有的孩子怕因为失败而丢面子，同时也格外希望被肯定，这时，做父母的就需要不断地为孩子讲解"其实即使失败也没什么大不了的啊"等诸如此类的观念。

2. 学会欣赏孩子

父母应对孩子每一个细微的进步、每一个小小的创新给予充分而及时的肯定。一旦孩子由于尝试新事物犯了点小错误，就要及时地帮孩子分析原因并肯定其良好的出发点，告诉他"只要不断地尝试，就有可能获得最后成功"。

3. 让孩子在接受鼓励的同时也勇于接受批评

任何一个孩子都需要在父母的鼓励中不断成长，但是鼓励并不是教育孩子的全部。孩子在"你能行"的声音中不断进取，但也需要从批评中获得力量。因此，做父母的一定要让孩子知道：

批评你的人,同样是关注你的人,同样也是希望你成功的人;听到批评之后,不应该焦躁,而应该尽力去做好自己应该做的事,用事实证明自己是对的,那么人家怎么说就无关紧要了;同时还要和批评自己的人交流,当面听取他人的意见,也许就会知道自己错在哪儿了。

别怕，再试一次

做任何事情都有风险，毕竟世界上一蹴而就的事情不多。对一个社会经验和处世能力都不足的孩子来说，遭遇失败，这是难免的。如果父母不加以引导的话，或许孩子就会因为失败而不愿意再进行新的尝试了，这样他也就得不到进步了。孩子成长的人生旅途不可能是一马平川的，很多时候甚至是荆棘丛生的。也许有时候，孩子需要在黑暗中摸索很长时间，才能获得成功。那么，这就需要父母在孩子失败的时候，在他的耳边深情地说上一句："别怕，再试一次！"这样简简单单的一句话，很可能就会让你的孩子从失败的泥潭中走出来，走向成功的彼岸！

里恩从小就很强壮，他的爸爸平时也常常有意识地引导他参加一些有趣的体育活动。

有一次，里恩的爸爸带着他到乡下的爷爷家去。在那儿里恩认识了好几个同龄的小伙伴，他们在一起玩得很开心。一天午后，里恩和小伙伴们正在发愁下午到哪里去玩的时候，里恩的爸爸有了一个好主意，他表示愿意专门为里恩和他的小伙伴们组织一次射箭比赛。

孩子们开心地答应了。射箭比赛开始了，虽然孩子们都是第一次当箭手，但是其中有好几个孩子似乎有这方面的天赋，射得非常准。可是一贯在其他运动方面表现出色的里恩这次却表现得很差劲，他的动作笨手笨脚的，射出的箭远远偏离了靶心。看到别的小伙伴们大多都能够准确地命中目标，里恩有些灰心了。

爸爸知道里恩是一个很要强的孩子，于是就把他叫到了一边，关切地问道："里恩，你为什么垂头丧气呢？"

"我太笨了，爸爸，连射箭都射不好。"里恩低着头回答道。

爸爸笑着说道："你为什么要这样想呢？其实，每个人都有自己擅长的事情啊。这很正常！虽然你没有他们射得好，但是只要多射几次，就一定能够射得更好了。去，再试一次看看，怎么样？"

"可是我还是担心自己射不好，我很害怕。"

"你还没有试怎么知道不行呢？其实你完全可以射得很好的，之所以刚开始的时候不行，是因为你害怕失败的心理在作怪啊。"

听了爸爸的这些话，里恩终于决定再试一次。他深深地嘘了一口气，然后重新回到了赛场上。接下来的几次，里恩每一箭都射中了靶心。

是什么让里恩突然之间如有神助，从一个根本无法命中目标的门外汉变成了一个箭箭都能够射中靶心的优秀小射手呢？其实这种神奇的力量就是爸爸的那句"再试一次"的鼓励。

每个孩子都渴望迅速成功，每个孩子都希望自己通过一次努力就能获得荣耀和回报，不过，这些不过是孩子美好的愿望而已。任何时候做任何事情，都是有可能失败的。有时候做成一件事情需要两次、三次甚至更多次的尝试。父母应该把这样的道理教给孩子，允许孩子失败，并热情地鼓励孩子再试一次，帮助孩子战胜失败、走向成功。每个孩子都需要学会走路，在学走路的过程中，也许每个人都会失败很多次，但是最终每一个孩子都学会了走路，这就是一个最简单的例子。没有失败就没有成功，再试一次，在任何时候都显得很有必要。

明明的妈妈对他的学习很重视，常常亲自检查明明的功课。有一次，妈妈一边收拾屋子，一边听明明读新课文《金色的鱼钩》。可能是新课文里面的生字比较多，明明朗读的时候有些磕磕绊绊的，但是他读得很认真。

过了一会儿，妈妈开始检查明明的阅读情况。她让明明打开课本，然后朗读课文。明明小心翼翼地开始朗读。虽然他极力想把课文读好，但是里面的生词实在是太多了，于是明明越来越紧张，课文读得也越来越生硬。

"老班长虽然瘦得只剩皮——包骨头——，眼睛深深——地陷——了下去，还——"有时候一个句子他要重复读两三遍还不能够顺利读完。妈妈的脸色也越来越难看。

终于，妈妈忍不住了，她大声地问道："刚才让你读课文，你在干什么呢？是不是没有专心读？这么简单的课文你都读了半个多小时了，为什么现在还是读成这个样子呢？你让妈妈说你什么才好啊！"

"这篇课文里的生字太多了……"明明的眼睛里面满是泪水。此后，明明每次在妈妈面前读课文的时候总是很紧张，就连平时读得很顺畅的一些课文也读得不流利了。

专家支招：

让孩子勇于尝试

1. 让孩子明白失败在所难免

即使是一个成年人，面对失败时都往往会感到沮丧和无助，有时候甚至会无端地陷入深深的自责当中。那么对一个还没有成年的孩子来说，失败所带来的冲击力就可想而知了。因此，告诉孩子"失败是在所难免的"这一点非常重要。

2. 帮助孩子分析失败的原因

当孩子失败的时候，父母的责任就是鼓励孩子"鼓足勇气，再试一次"，帮助他们分析失败的原因，打消他们的思想顾虑。让孩子"鼓足勇气，再试一次"，并不是要投入无谓的时间和精力，而应当是吸取了失败的教训之后的明智行为，这一点必须明确。

3. 让孩子多接触一些有关事例和名言

孩子往往会把失败和成功的意义放大得比我们成人想象的还要大，因此，父母应当让孩子多接触一些有关失败和成功的名人故事和名言。比如爱迪生发明灯泡的故事能为孩子培养再试一次的勇气提供帮助；同时，李白的"只要功夫深，铁杵磨成针"、荀子的"锲而舍之，朽木不折；锲而不舍，金石可镂"、贝多芬的"涓滴之水终可磨损大石，不是由于它力量强大，而是由于它昼夜不舍地滴坠"、司汤达的"一个人只要强烈地、坚持不懈地追求，他就能达到目的"等名言也都是不错的教育资料。

别泄气，妈妈支持你

> 孩子的成长过程实际上就是知识和阅历不断增长的过程。一个孩子刚刚出生的时候，什么事情都不懂，什么事情都不会做，可是却能够随着时间的推移，成长为一个能做很多事、具备很多技能的人，这就是成长的过程。一个人在"完全不知"的情况下，可以通过学习掌握各种知识，逐步过渡到"知之很多"，在这个从"不知"到"知"的过程中，犯错误是在所难免的，出现失败也是正常的。因此，父母应当对孩子的失败有一个正确的态度，不应该千方百计地文过饰非、不接受孩子的失败，要正确面对孩子的失败，让他们感受到父母的支持和帮助，从失败中重新站起来，学到新的东西。

双休日到了，由于小龙的妈妈生意比较忙，于是就把姥姥请到家里照顾小龙。早饭过后，姥姥就带着小龙出门玩去了。一个上午过去了，中午的时候，姥姥和小龙才回来。妈妈看到小龙很不高兴，就问小龙怎么了。

小龙向妈妈"告状"说："妈妈,外婆为什么不准我去说别人？"妈妈不知道小龙说的是什么事情，于是就笑着问道："说别人什么啊？""说别人破坏环境！"小龙回答。

经过小龙的解释，妈妈才明白了是怎么回事。原来，上午姥姥带着小龙到公园里去玩，公园里的人很多，小龙就和姥姥坐在一个小花坛的旁边。这时，一个阿姨带着一个小女孩也到这边来玩。刚开始的时候还好好的，可是过了一会儿，那个小女孩就吵着非要妈妈给自己摘两朵月季花。

花圃里种了很多月季花，这些月季花的颜色很鲜艳，正盛开着，美丽极了。那个阿姨伸手要摘月季花，这时候，在旁边看着的小龙着急了，他急忙跑过去，大声地说道："月季花不能摘。你来摘，他来摘，大家都来摘，花都被摘没了，就不香了。"

那个阿姨看到小龙不过是一个小孩，就一点也不在意，摘了好几朵。小龙还要说什么，可是姥姥却上前拉住了他，不让他再说了。结果，那个阿姨拿着几朵摘下来的花就走了。小龙很不服气，所以就噘着嘴回来了。

妈妈听了小龙的话之后，心里非常高兴。她把小龙拉到自己的身边，然后说道："小龙真懂事，遇到这样的事情，就应该阻止才对。虽然那位阿姨没有听小龙的话，但是小龙做得很对，妈妈支持你！"

小龙听到妈妈这么表扬自己，高兴得不得了，心里的不快也一扫而光了。

很多时候，自己的孩子由于经验不足造成了失败，另一些时候，孩子遭受挫折的原因或许并不在自己身上，而是由于大人们的错误做法导致了孩子对正义行为是否正确产生迷惑。无论是什么原因导致的挫折，都可能让孩子感受到一种挫败感。这时，父母必须及时地给予孩子鼓励和支持。可是很多时候，不少父母没有认识到这一点。当孩子遭遇失败的时候，他们不是适当地表达自己的鼓励，而是害怕孩子今天的错误与失败会对明天产生不可弥补的损失，因此采取了不允许孩子犯错误、不允许孩子失败的十分错误的做法，有时候甚至还对孩子进行一些反面的教育。这些都是十分不可取的。

　　小青是一个8岁的孩子，虽然他学习很努力，可是成绩却一直不是太好。临近考试的时候，小青为了考出好成绩，晚上经常学习到很晚。可是，考试成绩出来之后，小青的爸妈发现他的成绩不但没有提升，反而下降了不少。其实这是因为这一次的考试题目比较难，班上同学的分数普遍比较低，但是小青的爸爸妈妈却很生气，认为小青在学校里没有好好学习，所以成绩才不好。后来，他们又担心孩子是不是智力有问题，于是就带着小青到医院去检查，检查的结果显示，小青的智力没有任何问题，只是在反应速度上比同龄孩子稍微慢一点儿。

　　这件事情之后，小青慢慢地开始不愿意去上学了，每天都是到了快迟到的时候才动身去学校，到了学校之后也总是沉默寡言的。有一次，小青又不愿意去上学了，爸爸大声地问小青为什么不愿意去上学，小青说道："我什么也不会，脑子又笨。我现在什么也不想干，什么也不想说。"

　　小青的父母对此很吃惊，可他们不知道，正是由于自己不恰当的教育方式才导致了这些情况的出现。

专家支招：

让孩子感受到支持的力量

1. 有意识地让孩子做些有难度的事情

　　每一个孩子都在不断尝试中成长，就好比做数学题的时候，如果一个孩子只懂得1+1=2，那么让孩子尝试做1+2或者2+3固然容易失败，但是也只有这样才能够让他学到新的知识，不断进步。不然的话，孩子永远都只能做1+1=2的重复训练，丝毫也不会有长进。聪明的父母应当有意识地让孩子做一些比较有难度的事情，以此来锻炼孩子承受挫折和失败的能力。成功可以建立孩子的自信心，失败可以锻炼孩子的心理承受能力，让孩子学会反省、学会从多角度思考问题，这些在孩子的成长过程中都是不可或缺的。父母能容忍孩子的失败，是一种更深沉的爱。

2. 支持孩子不是包办一切

任何父母都爱自己的孩子，都不愿意看到自己的孩子受到失败的打击。于是一些父母就从于心不忍到"拔刀相助"，最后干脆代替孩子做事，不论是孩子在生活中还是在社会交往中遇到的问题他们都会包办，有时候恨不得连孩子的学习也包办了。这样表面上是在帮孩子，可是实际上却夺走了孩子尝试失败的权利。支持孩子，并不是要替孩子包办所有的事。父母应该相信孩子具有战胜失败及挫折的能力，聪明的父母会让孩子在挫折和失败中奋起，变得更加强大。

你一直都很勇敢，
我相信你

有一些孩子在与人交往的时候，总是沉默寡言、孤僻拘谨，往往喜欢屈从于别人的意志，在一些公共活动中，也不敢出头露面，做什么事情都缩手缩脚，学习上也不敢奋力进取，往往消极应付，容易满足。而同时，另一些孩子却能够表现出一种积极的风貌，他们意志坚强、不畏挫折，能克服困难、勇于进取，在与人交往的过程中显得开朗直率，做事情也果断刚毅，丝毫不拘谨。为什么会有这样的差别呢？其实很多时候，这些差别的形成都是与父母的不同教育方式分不开的。正是因为一些父母使用了不恰当的教育方式，才使一些孩子形成了懦弱的性格。要想使孩子在人生中展示出积极的一面，就要不断地引导他们勇敢地面对一切困难和挫折。

一个星期一的早晨，天下雨了。早上起床的时候，妈妈拿出小雨衣给4岁的明明穿上，准备送他去幼儿园。

路边树上的叶子被雨水冲刷得很干净，显得更加翠绿。明明很高兴，一蹦一跳地跑在妈妈的前面。经过一片草地的时候，明明忽然停了下来，他发出一声尖叫，小脸吓得煞白煞白的，站在那里一动也不敢动。

妈妈不知道发生了什么事情，急忙赶过去，这才发现，原来在明明面前不远处的地上，有一条蚯蚓正在爬过。

明明从来没有见过真正的蚯蚓，所以很害怕。妈妈笑着在蚯蚓的跟前蹲下，转身对明明说道："明明不要怕，幼儿园的阿姨不是告诉过明明吗，蚯蚓是益虫，是帮助那些树和花草松土的好虫子，它们是不会伤害人的。不信的话，你过来用手碰碰看就知道了。"但是明明还是很害怕，连连摆手说："不要，我害怕！"

　　妈妈笑着用手指轻轻碰了一下蚯蚓，说道："你看，妈妈都敢碰，你是男子汉，就更不应该怕了。妈妈知道，你一向都是很勇敢的啊！"听到妈妈这么说，明明终于下定了决心，他小心翼翼地走上前去，把蚯蚓拿了起来。

　　妈妈夸奖明明说："宝贝真勇敢！"明明听到妈妈的表扬，高兴地笑了。

　　孩子的勇气很多时候来自于父母。当孩子开始做一件事情的时候，如果父母在身边，他就会感到拥有无尽的动力和勇气。因此，父母要调整自己的心态，要对那些过分保护孩子的心理和言行进行自我调节，适当放手，让孩子大胆去做。即使当孩子表现出胆怯的时候，父母也应该先稳住孩子的情绪，再以充满信任的态度鼓励孩子，让孩子能超越自己，获得战胜困难的快感。这样，孩子就会逐步养成勇于面对困难和挫折的习惯。

　　亮亮和小朋友们在小区的广场上做游戏，几个小朋友在一起玩得很快乐。亮亮妈妈的眼睛时刻不离自己的孩子，生怕孩子有点什么闪失。亮亮和小朋友们玩了一会儿，站起来要到不远处去捡球，刚跑出两三步，就不小心摔倒了。

在一旁看着的亮亮妈妈看到儿子摔倒了，满脸惊慌地跑了过来。由于亮亮穿着厚厚的衣服，并没有摔伤，亮亮妈妈看到孩子没事，就没有立刻拉起亮亮，而是亲切地对他说："小宝贝，妈妈知道你一直都很勇敢，摔倒了一定可以自己爬起来对吧。"亮亮本来也没摔疼，看着妈妈的笑脸，就自己站了起来。

亮亮妈妈的这种教育方式就是很值得称道的，因为只有多给孩子一些鼓励，孩子才会逐渐变得勇敢。

专家支招：

相信孩子是最勇敢的

1. 给孩子树立榜样

榜样的力量是无穷的，对一个孩子来说，英雄人物勇敢的事迹更容易对他起到示范和激励作用。作为父母，应当有意识地培养孩子的勇敢品质，让他们多接触那些伟人和名人勇敢面对困难和命运的事例，指导他们学习英雄人物的勇敢品质，让孩子在不断熏陶中学会勇敢面对自己面前的困难。

2. 帮助孩子走出对"勇敢"的认识误区

勇敢是一个人的性格特征，同时也包含着对社会和他人的义务。父母在教会孩子勇敢的同时，也要让孩子走出对"勇敢"的认识误区。为了大多数人的利益而进取就是勇敢，而那些高喊着"该出手时就出手，风风火火闯九州"的莽撞行为就不是勇敢。不教孩子认识这些，就可能让孩子养成鲁莽、粗暴、蛮不讲理的习惯。

3. 注意锻炼孩子的勇气

日常生活中，时时处处都可以对孩子开展勇气训练。例如，大人和孩子一起玩勇敢者的游戏，挑战孩子的勇气，让孩子在游戏中自强起来；有意识地鼓励孩子进行小小的冒险，帮助孩子在冒险中获得成功，使他们体会到冒险的乐趣，同时感受到勇敢带来的好处，进一步获得激励。

孩子，你该自己拿主意

很多父母在说到自己孩子的时候，总是不无感慨地说："哎，我们家的孩子真是不听话，常常自己就拿主意了。"为什么孩子不能自己拿主意呢？为什么孩子就必须事事听父母的安排呢？其实很多时候，父母帮孩子拿主意反而并不是什么好事。鲁迅说："长者须是指导者、协商者，却不该是命令者。"父母有时候并不能真正了解孩子的需要，结果父母盲目帮孩子拿主意，反而使本来可以办好的事情弄糟了。让孩子从小就学会由自己来决定自己的事情，这样的习惯对孩子的成长具有十分重要的作用。父母爱孩子，希望通过自己的经验让孩子在成长的过程中少走弯路，这样的心情可以理解，但是切不可以此为借口，对孩子的事情大包大揽，这样必将让孩子失去自由发挥的空间。

小苹3岁时，她的妈妈就觉得是时候让孩子慢慢培养自己的自主意识了，于是就开始有意识地让小苹自己拿主意。

平时烧菜做饭的时候，妈妈总会让小苹在旁边"帮忙"。小苹虽然常常只是做些很简单的小事，但是能够帮上妈妈的忙，小苹还是高兴得不得了。有时候妈妈还会特意在做饭前问一问："小苹，你说今天晚上我们吃什么菜呢？"然后和小苹一本正经地讨论一番。

去超市买东西的时候，在遇到两种牌子的同一种东西的时候，妈妈就会让小苹在旁边做一个选择，不过选择之前要先听小苹说一说两种东西分别好在哪里，不好在哪里，然后才做出决定。而且，妈妈还会征求她的意见，允许她挑一两件自己需要的东西。

小苹屋子里的东西怎么摆放，地上的泡沫垫该怎么铺，这些事情妈妈都完全让小苹自己去决定。这些事情做多了，小苹俨然已经成了家里的一个小主人，而且她对很多事情的看法也比同龄的小朋友要成熟一些。

渐渐地，小苹已经开始习惯自己拿主意了。每天晚上，小苹听完天气预报之后，还没有等妈妈问，她就已经开始准备第二天要穿的衣物了。班上的小朋友要过生日了，小苹一般也都是自己决定送什么样的生日礼物，而每次只要差不多合理，妈妈一般都对她的主意给予支持。

虽然让小苹做决定有时候难免会让妈妈多费一些时间和精力，但是看着小苹一天天独立，妈妈还是有一种说不出的快乐。

中国的传统文化一直都强调尊重师长。长久以来，父母和老师的意见成了孩子们必须遵守的"圣旨"，老师和父母也都喜欢听话的孩子，这个信息无时无刻不在提醒着孩子们：你要想讨大人喜欢，就要按照父母的意思去做，否则就不是好孩子。结果，这样不但没有培养出拥有独立自主精神的孩子，反而让孩子们的自主意识逐渐被扼杀，形成了循规蹈矩的性情。这样成长起来的孩子缺乏创新精神，没有自己的主张，成了千人一面的"好好先生"。父母要有意识地培养孩子自己拿主意的习惯，这一点非常重要。

萧乾是我国著名的作家。在萧乾很小的时候，他的父亲就去世了，由于家里缺乏劳动力，因此一家人的生活很艰辛。俗话说：穷人的孩子早当家。萧乾从小就开始自己决定自己的事。他十几岁的时候，三堂兄作为他的家长要他辍学去当邮递员，可是萧乾坚决不同意。后来由于和家里闹得不愉快，萧乾不得不离家出走，但是他有自己的主张，且懂得坚持自我，最终成为一名大作家。后来，他说："我的一生都是自己一步步走出来的。如果自己的所有事都由家人决定的话，那么我可能一辈子都是一个小小的邮递员。"

专家支招：

让孩子自己拿主意

1. 重视孩子的意见

孩子虽然年龄小，但是并不是说孩子没有自己的见解和想法。一个孩子如果时时处处都对父母言听计从，这或许并不是什么好事；相反，那些常常能够表现出自己不同见解的孩子反而会在若干年后取得大成就。因此，父母应当重视孩子的意见，要充分考虑孩子意见合理的部分，即使孩子的意见不正确，也要心平气和地跟他解释，绝不能利用父母的权威粗暴地加以否定。

2. 根据事情大小做不同处理

一个家庭里面，事情有大有小，什么事情属于大事情，什么事情属于小事情，什么事情应该听取孩子的意见，这些都需要父母在心里有一个合适的度。对那些决定孩子的前途或是影响重大的事，固然需要父母拿主要的意见，但是父母也应当在其他的一些事上，有意识地创造一些让孩子参与决定的机会，让孩子开动脑筋参与决策。

3. 疏导孩子的叛逆心理

一些孩子在一定的年龄阶段，常常会产生叛逆心理。这时，父母就需要对孩子进行合适的疏导。孩子之所以出现"叛逆"的行为，很多时候正是自己渴望独立的一种表现。因此，父母应当多让孩子学着自己拿主意，疏导孩子的叛逆心理。

不要紧，做错了没关系

在现实生活中，很多父母都不愿意让自己的孩子受任何伤害，因此就有了太多的"搀扶"行为。父母总是担心孩子的能力，总是怀疑孩子的知识面是否宽广，总是担心孩子是不是能够应付面前的事情，结果常常是：一件事情还没有怎么着呢，父母就已经把后面的所有事情、所有细节都安排得妥妥当当了，后面的步骤就只等着孩子按部就班去实施了。这真的是对孩子的爱吗？其实并不一定。孩子愿意尝试的时候，就让孩子去尝试，即使做错了也没有关系。否则，一切都由父母代劳，时间久了，就只剩下父母的想法和计划，孩子就会因为习惯于父母的安排而少了独立做事的勇气和能力。

小美今年已经是小学三年级的学生了，可是她平时说话的时候总是说不大清楚，语言表达能力不够好。很多人都觉得小美平时有些不开朗，总为不知道她想要说什么而感到为难。小美妈妈也发现了这一点，于是就想有意识地改变它。平时小美说话的时候，妈妈总是在一边鼓励她。

有一次，小美放学回家，一直不说话。妈妈看到小美几次想对自己说什么话，但是又都欲言又止。于是妈妈就主动问小美："你是不是有什么事情要和妈妈说啊？"

小美点点头，然后支支吾吾地说："学校要举行朗诵比赛，我想参加。"妈妈听了小美的话，心里一阵激动，她觉得这是一个锻炼孩子的大好机会，于是就接着说道："那很好啊！"

小美犹豫了一会儿说道："可是……可是我怕自己做不好。"

妈妈知道小美是担心自己口齿不够伶俐，担心参加比赛的时候会出丑，于是就鼓励她说："小美既然想参加，就不用担心那么多了，即使说错了也没有关系啊！而且，妈妈相信小美一定能够做得很好的。"

小美听了妈妈的话，一下子有了信心。后来的几天里，小美在妈妈的帮助下，不断地练习发音的技巧。比赛的那一天，妈妈还专门请假到学校看小美的比赛。虽然小美在朗诵比赛的时候出了两处错误，但她还是凭借自己优美的嗓音和饱满的感情获得了第二名的好成绩。

看着站在领奖台上甜甜地笑着的女儿，妈妈高兴得流下了眼泪。

孩子的心理是脆弱的，做父母的要懂得呵护。生活中，孩子做错事的时候，总希望父母能够原谅自己。当孩子打算做某件事情的时候，父母应当多加鼓励，让孩子明白：即使做错了也没有什么大不了。只有这样才能够使孩子卸掉思想上的包袱，轻装上阵。也只有这样，才能够让孩子把事情做得更好。

5岁的小安安正想把一个玻璃杯从厨房拿到客厅里去，这时候妈妈在旁边看到了，急忙警告说："你会打破杯子的，赶快放下！"可是小安安却不理会，坚持说道："我不会打破的。"可是，正说着的时候，杯子就掉在地上摔碎了。

这下妈妈生气了，说道："你真笨，家里的东西都让你给破坏光了！"

安安听了妈妈的话马上就哭了起来。妈妈没有理会她，而是收拾杯子的碎片去了。收拾完碎片后，妈妈才发现安安不见了。

原来，安安受了委屈，偷偷地打开门一个人跑出去了。这下安安的妈妈慌了神，发动亲戚朋友出门找，还报了警，结果很晚才把安安找到。

故事中，正是安安妈妈面对孩子犯的错误的严厉态度，才导致安安离家出走的。长期如此，对孩子的成长十分不利，父母要学会鼓励孩子，容忍孩子的某些错误行为。

专家支招：

容忍孩子错误的行为

1. 将错误可能造成的后果看轻

孩子做错了一件事情，究竟会有什么样的后果呢？很多时候，一些父母把这些后果看得过分严重了，其实完全没有必要。孩子们做的事情多数对大人来说都是些小事情，而对他们自己来说，却可能是下了天大的决心来做的。这时候父母就要调整自己的态度，不要把错误的结果看得太严重。否则，把后果看得无比严重，就会让孩子丧失尝试的勇气。

2. 对错误"冷处理"

面对孩子的错误，父母要学会"冷处理"，也就是态度要冷静，语气要平和。如果孩子做错了事，父母的反应过于激烈，就会把孩子吓坏，使孩子在做其他事情的时候也产生恐惧心理。这样一来，就得不偿失了。如果孩子要做的事是有危险的，那么父母可以很平静地对其进行制止，或者在孩子做事情之前提前做好预防工作。如果孩子可能出现的错误并没有什么危险性，那么父母完全可以鼓励孩子去做，等孩子做完之后再和孩子讲道理，这样往往更容易达到教育孩子和锻炼孩子的目的。

3. 为孩子的错误保密

孩子虽小，但也有自尊心，因此，在孩子做错事的时候，父母要为他们保密。如果父母因为孩子的错误而发怒，或图一时口舌之快，对孩子进行挖苦、讽刺，就会伤害孩子幼小的心灵，久而久之，会让孩子变得胆小自卑。这些自然是所有的父母都不愿意看到的。

培养孩子的好习惯时，
请这样说……

习惯的力量是巨大的。一个好习惯往往能影响孩子一生。而一个人的童年正是养成好习惯、摒弃坏习惯的黄金时期。作为孩子最亲密和最信任的人，父母责无旁贷。培养孩子的好习惯时，父母请这样说……

自己能做的事情自己做

　　许多父母总怕孩子自己做事情会累着,总想把孩子的一切事情都包办代替。但是,做父母的一定要明白:即使孩子做事情太慢或做得不好,也不能替孩子包办。比如孩子穿衣服不整齐或扣错扣子,父母看着着急也不能替孩子穿好衣服;即使孩子洗脸洗不干净,父母也要让孩子自己洗。平时父母要鼓励孩子"自己的事情独立完成",不要因为孩子做得太慢或做得不好就包办代替,而使孩子失去学习和锻炼的机会,养成依赖他人的习惯。父母要多教给孩子一些做事的方法,经过一段时间的锻炼,他就会做得很好。

　　明明已经上小学二年级了,是一名品学兼优的学生。平时在家里时,爸爸妈妈总让明明自己的事情自己做,还经常让他干一些力所能及的家务事,如扫地、擦桌子、洗碗等。有时,明明觉得很委屈,小嘴就嘟囔说:"总让我干这么多活儿。"每逢这时妈妈总和蔼地对明明说:"孩子,从小多学点东西能长本事啊,再说自己的事情应该自己做。"

　　暑假时,明明的学校组织学生去远郊夏令营。在那里,明明在很多方面都表现得很好,而且自己的事情也处理得井井有条。负责照顾孩子们的老师都表扬他,夸他是个能干的好孩子。同学们都十分羡慕他,还向他"取经"呢。

　　这时,明明忽然明白了父母平时对他严格要求是正确的,而且是为了他好。他真想对父母说一句:"爸爸妈妈,你们对我的要求是正确的,我爱你们!"

孩子到一定年龄时,父母都想让孩子学会独立,学会处理自己的事情,像上文中明明的爸爸妈妈的做法就是很值得倡导的。父母平时教育孩子时,应多鼓励孩子尝试做一些适合他们年龄的事情,比如孩子三四岁的时候,可以让孩子学着穿袜子、穿衣服、洗手帕等;到了10岁左右的时候,可以让孩子学着收拾房间,做一些简单的饭菜等。如果我们不去要求孩子做,而是一直帮孩子做,那么孩子可能永远都不会独立。明明的爸爸妈妈平时在这方面就很注重对孩子的教育和培养,而且一直坚持执行他们的原则,因此,在夏令营明明受到了老师和同学们的称赞。

亮亮今年4岁了,但妈妈总觉得他还小,经常帮他穿衣服、鞋子等。有时,亮亮想自己穿,妈妈嫌他动作慢,就不让他自己穿。慢慢地,这些事亮亮就不想自己做了。

在幼儿园里,老师鼓励每个小朋友都自己穿、脱衣服,可亮亮还从来没有自己穿过衣服呢。

孩子们午休醒来后,每个人都自己穿衣服,亮亮拿起衣服就往身上套,结果把扣子扣错了,裤子也穿反了。小朋友都看着他哈哈大笑,亮亮难过极了。

从这以后,亮亮说什么都不让妈妈帮他穿衣服了。妈妈奇怪:这小家伙到底怎么了?

> 专家支招：

让孩子懂得"自理"

1. 对孩子不要过分溺爱

现在的很多孩子都十分依赖父母，一方面是由于生活水平的提高，很多成人缺乏主动劳动的精神，孩子从中耳濡目染；另一方面是父母对独生子女的溺爱，很多原本完全可以由孩子完成的事，父母都包办代替了。事实上，让孩子适当承担一定的家务劳动，不仅有助于培养孩子的自理能力、独立意识，还有助于培养孩子的责任感，使孩子对自己的生活、行为负责。同时，还能培养孩子爱劳动的良好品质，对孩子将来的成长非常有益。

2. 积极鼓励，然后再提高要求

孩子刚开始做事情时，往往做得很慢，大人有时会失去耐心，这是不对的。父母不要因为孩子的动作慢就不让孩子动手，而要给孩子示范正确的动作，耐心地教他们怎样做，鼓励孩子坚持自己的事情自己做，并养成习惯。

3. 为孩子提供锻炼的机会

如果想要使孩子得到锻炼，机会总是有的，关键就看父母是否有这种意识。在独生子女家庭中，一家人总是以孩子为中心，不等孩子张嘴、伸手，吃穿玩用一切具备，使孩子失去了很多学习、锻炼的机会。因此，父母要转变观念，放手让孩子去尝试、去体验他要自己干的、能自己干的事情。

4. 对孩子的要求保持一致并坚持下去

在一些家庭中，由于孩子受父母和爷爷奶奶的溺爱，使得有些孩子在学校里的时候能够很主动地做一些自己的事情，可是回到家里之后却什么都不愿意干了，摆出一副"你们都应该以我为中心"的架势。所以无论在家里还是学校，对孩子的要求都要保持一致，这样才能取得事半功倍的效果。有了一致性还要坚持下去，良好的习惯需要长期保持。培养孩子良好的生活自理能力，会使孩子终身受益，父母们千万别因心疼孩子而包办孩子的一切，而应该放开双手，让孩子尽早拥有自理能力。

先把重要的事做完，再做其他的事情

很多父母都希望自己的孩子能够珍惜时间，为了让孩子能够在同样的时间里做更多的事，一些父母总是千方百计地训练孩子提高做事的效率。其实与这些相比，另一个习惯的养成对孩子人生的发展具有同样重要的作用，那就是让孩子学会先做重要的事，把重要的事情做完之后再做其他的事情。只有这样，孩子才不至于捡了芝麻丢了西瓜，到头来忙忙碌碌，却将自己最重要的事情忘在了脑后。

小冬已经上小学五年级了，可还是不懂得安排做事情的先后顺序。

有一个周末，老师布置了一些作业。作业并不多，妈妈嘱咐小冬周六的时候抽空先把作业做了，然后再做别的事。小冬二话不说就答应了。周末的时候，妈妈正好有事情出去了，结果周日晚上妈妈回到家的时候已经快10点了，她问起小冬的作业的时候，小冬竟然说作业还没有做完。

妈妈十分生气，本来想好好训斥孩子一顿，但是又一想，决定改变一种方式，于是就和颜悦色地对小冬说："还有什么作业？不多吧？抓紧时间，以最快的速度做完，好吗？"

小冬本来以为会被妈妈骂呢，看妈妈没有生气，喜出望外，急忙就说："还剩下两项作业，我马上就可以做好了。"然后他就坐下来继续写作业。

小冬写完作业的时候，已经是晚上11点了，洗过澡之后上床睡觉，差不多已经到了午夜。

第二天下午，小冬放学之后，妈妈这才把小冬叫到了自己的跟前。她问小冬："你知道为什么昨天你没有做完功课，妈妈也没有骂你吗？"

小冬摇摇头。妈妈接着说："妈妈之所以没有骂你，是因为那时候已经很晚了，而你的作业还没有做完，所以那时候最重要的是赶快写完作业。不管是什么原因没写完，它毕竟已经过去，已经不是最重要的，原因我可以找另外的时间再问你，所以我才没有批评你。"

小冬听了，不好意思地把周末两天的事情经过和妈妈说了一下。原来，周日的下午，小冬本来想做作业的，可是忽然想起自己的一个好朋友再过半个月就要过生日了，于是就急急忙忙出去给好朋友选购生日礼物，结果回来的时候已经晚上8点钟了，因此作业就没有做完。

妈妈对小冬说："妈妈昨天之所以那样做，为的就是让你知道一个道理：当事情多的时候，就应该挑比较重要的事情先完成。先把重要的事情做完，再做别的事情。再说了，你朋友的生日还有半个多月才到呢，完全可以另外找时间去买礼物啊！"

小冬点了点头。此后，小冬变得懂事多了，做事情也慢慢地学会了排顺序。妈妈也为小冬养成了这个好习惯而高兴。

孩子在很多时候做事情都具有很大的随意性，想起什么事情就去做什么事情，往往没有什么计划，结果到最后，把一些并不紧急的事情、并不重要的事情做完了，却没有时间去做那些最重要的事情。这样下去，不利于孩子养成合理利用时间的好习惯。因此，父母应当及时地引导孩子，让孩子明白，对时间的管理同样是一种重要的能力。只有那些能够根据事件的重要性合理安排时间的孩子，以后才能取得更大的成就。

曾经有这样一个故事：一个教授在桌上放了一个玻璃罐，然后拿出几个鹅卵石放进罐子里，问自己的学生："这个罐子装满了吗？"学生们都说："满了。"教授又接着拿出一袋碎石子倒进了罐子里，继续问学生："这个罐子装满了吗？"这次学生们有些犹豫，就说："可能没有满。"然后教授又拿出了一袋沙子慢慢地倒进罐子里，最后又把一整杯水轻松地倒进了罐子里。看到有些迷惑的学生们，教授说道："今天我做这个试验的目的就是要让你们明白，做任何事情的时候，都应该先挑重要的事情做，就好像放那些大石子，必须首先将它们放进去，不然的话，也许以后就没机会放进去了。"

专家支招：

重要的事情最先做

1. 让孩子学会评估事情的重要性

当手头有好几件事情需要去做的时候，就需要分出轻重缓急。因此，父母首先要引导孩子学会对将要做的事情做一个评估，然后再根据这些评估去确定自己的做事顺序。在平时的生活中，父母可以对孩子进行简单的训练，这样一旦形成思维习惯，孩子在遇到别的事情的时候就会主动这样做。

2. 教孩子估计做每件事情要花的时间

要想把有限的时间分配给不同的事情，就需要孩子学会估计做每件事情所要花费的时间。在做这些事情的时候，父母要引导孩子充分考虑做事情的过程中可能遇到的种种情况，多对孩子进行训练。

3. 让孩子学会列出计划

父母要想培养孩子懂得安排时间和做事的顺序，就需要让孩子养成按照计划做事情的习惯。父母要敦促孩子事先列出自己的计划，然后按照计划严格执行。

懂得珍惜时间的孩子最聪明

一寸光阴一寸金，寸金难买寸光阴。时间对于每一个人来说都是平等的，一天都是24小时，但是一个人对待时间的态度不同，产生的结果也不同。对于一个孩子来说，养成珍惜时间的习惯对孩子很多方面的发展无疑都是具有重要意义的。能够珍惜时间，孩子的学习才能够有保证。充分有效地利用时间，是孩子勤奋的最好表现。父母要让孩子明白：浪费时间就是懒惰的同义词。只有科学安排好时间，充分地利用好时间，才能够取得较大的成绩。

阿道夫·冯·拜尔是德国著名的无机化学家，曾经获得诺贝尔奖。

在小时候，拜尔还没有什么特别的时间概念，他总觉得时间很多，每天的生活很随意，随随便便就消耗掉了一整天。拜尔10岁那年，在生日的前一天晚上，他躺在床上久久不能入睡，他不知道父母亲第二天会给自己送一份什么样的礼物。他觉得自己一定会收到一份大礼，而且也一定会有一个热热闹闹的生日聚会。带着这样的美好想象，拜尔不知不觉地进入了梦乡。

第二天早上起床之后，拜尔就等待着重要时刻的到来。可是早饭过后，父亲就和平时一样开始伏案苦读了。然后，母亲就带着拜尔到外婆家玩。在去外婆家的路上，拜尔显得很不高兴，他期待的礼物一点影子都没有，难道是父母把自己的生日忘记了？

这时，细心的母亲发现了拜尔的不快，于是就笑着说："孩子，你知道吗？在你刚刚出生的时候，你的爸爸不过是个大老粗，他看的书很少，也没有什么知识，所以，现在他要和你一样努力读书，为的是在明天的考试中能够表现得更加出色！妈妈没有忘记你的生日，只是不想因为庆祝你的生日而耽误了爸爸的学习。事实上，爸爸在为明天我们的生活能够丰富多彩而尽心尽力呢。你也要学会好好珍惜时间学习呀！"

拜尔听了妈妈的话，受到了很大的震动。从此之后，这番教诲也就成了拜尔的座右铭。正是从那时候起，拜尔渐渐改变了自己随意浪费时间的习惯，开始有计划地学习和做事。成功之后，拜尔在自己的自传中写道："10岁生日时，母亲送给了我一份关于时间的最丰厚的生日礼物！"

有人曾说过，时间就是金钱。其实很多时候，时间比金钱还要珍贵。对于一个人来说，珍惜时间也就是珍惜自己的生命。一个孩子能否利用好自己的时间，与他的学习效率和学习成绩有很大的联系。不珍惜时间的孩子，往往缺乏自我控制的能力，缺乏不断前进的动力。因此，父母应当教育孩子培养良好的时间观念，这个观念的形成也就意味着孩子的人生旅途有了一个美好的开端。因为善于利用自己时间的人，一定能够获得更加出色的人生。

冲冲上小学四年级了，他特别喜欢看电视，有时候看得入迷了，连作业都难以按时完成。关于这一点，冲冲的妈妈很着急。

为了让冲冲少看电视，冲冲的妈妈没有少花心思，后来干脆禁止冲冲看电视了，就连《大风车》和《动画城》也不允许冲冲看一眼。为此，冲冲很生妈妈的气。过了一段时间之后，冲冲看电视的时间少了，可是又养成了睡懒觉的习惯。没事的时候冲冲就在床上待着，或是躺在床上随便翻翻身边的漫画书，或者干脆就躺在床上，翻来覆去，什么事情都不做。慢慢地，妈妈发现冲冲做什么事情都懒洋洋的，不但速度慢，而且总是一副不紧不慢的样子，反应迟钝了，脑子好像也变笨了。妈妈怎么也想不到，这都是冲冲爱睡懒觉的习惯造成的。

专家支招：

让孩子高效地利用时间

1. 用事例增强孩子的时间意识

对孩子来说，一些具体的事例比单纯讲道理更能够达到教育的目的。因此，父母可以用一些伟人珍惜时间的事例来教育孩子，让孩子认识时间的价值。

2. 适当让孩子品尝浪费时间的苦果

很多孩子之所以有浪费时间的习惯，很多时候都是与父母的迁就分不开的。当孩子做事习惯磨蹭拖拉、不珍惜时间的时候，父母应当让孩子适当地品尝一下由于浪费时间所造成的苦果。如孩子习惯睡懒觉，就可以适当地让孩子尝一尝睡懒觉的"苦果"——上课迟到受到批评，或者由于拖拉吃不上早饭等。通过这样的亲身体验，更加有利于孩子改掉浪费时间的坏习惯。

3. 制订合理的时间表

一些孩子之所以不会珍惜时间，就是因为做事情没有计划，随心所欲。这时候，父母应当帮助孩子制订一些行之有效的时间表，让孩子明确什么时间该做什么事情，防止拖拖拉拉。如果孩子不能严格遵守时间表的规定，父母就应当及时地予以督促。

爱读书的孩子才有出息

> 书是人类进步的阶梯。爱读书、多读书,可以让人们获得很多生活中得不到的知识和经验。让孩子养成爱读书的好习惯,是所有父母所期望的。如何引导孩子主动读书、爱好读书,是父母非常关心的问题。可是很多父母却总是抱怨自己的孩子不愿意读书、不喜欢读书。针对这一点,父母要懂得孩子们在这个年龄阶段的特点和阅读习惯等,不能将自己的读书愿望强加于孩子身上,这样才能起到应有的效果,否则只能适得其反。

小强很喜欢读书,不管是在什么地方什么时候,只要手中有了一本书,他很快就变成了一个乖小孩,安安静静地沉浸在书的世界里。很多朋友常常问小强的爸爸:为什么你家的孩子那么爱看书呢?

其实,这与小强父母的教育是分不开的。

小强的爸爸妈妈觉得孩子读书的爱好要从小培养,于是两个人就约定晚上的时候都不许开电视,每人拿本书来看。这样一来,小强自然就会受到父母的影响。虽然小强的爸爸白天的工作比较累,晚上看书的时候总感到眼皮打架,但是他依旧坚持每天晚上看一个小时的书。而且,家里的厨房、客厅里到处都有书,就连卫生间都有一个专门放书的小书架。小强的父母把书放在孩子随手可触的地方,让孩子睡觉前枕头边有书,看电视沙发上有书。小强耳濡目染,渐渐也就养成了喜欢看书的好习惯。

如果孩子能够从小就养成爱读书的习惯，就可以使他终身受益。一个人养成了爱读书的习惯，就会不断提升自我、不断成长。如果一个人没有读书的习惯，那就容易成为一个眼界不宽的人。但是读书习惯的养成，并不是一件容易的事情。尤其是在当今社会，电视、网络等媒介的发展，更让书籍成为很多孩子不愿意去接触的东西。因此，父母就更应当下功夫去培养孩子爱读书的好习惯。但是，在培养孩子读书习惯的时候，父母也要考虑孩子的年龄特点和阅读兴趣，而不能按照自己的想法规定孩子必须读什么书，这样就会适得其反，甚至让孩子产生逆反心理。

小杰从小就喜欢听故事，那时候爸爸妈妈总是给他讲很多童话书上看来的故事，公主、王子、南瓜车，这些都成了他美好记忆的一部分。现在小杰上小学了，已经能够读一些情节比较复杂的书了。新学期开始了，小杰开始学着写作文了。这下，他又爱上了看作文书，《作文精选》《小学生作文》之类的书成了他的最爱。

可是这时候，小杰的爸爸却对小杰读书的内容做出了规定。小杰的爸爸觉得，孩子要想作文写得好，就应该读世界名著，而且古典文化的修养也很重要。只有多看这些书，小杰才能够受到熏陶，作文水平才能自然而然地提高。

于是，小杰的爸爸就将《论语》《老子》和《孙子兵法》一类古文书籍作为小杰的必读书籍，把一些长篇的世界名著作为小杰的案头书。小杰的爸爸还规定，小杰每个月必须达到一定的阅读量。

小杰才刚刚开始学习写作文，那些古文书中的很多字小杰根本不认识，句子的意思就更难理解了。其实这些东西就连小杰的爸爸也都半懂不懂的。

刚开始的时候，小杰还坚持着读，可是过了一段时间之后，小杰就开始对这些书感到厌烦了。很多世界名著情节复杂，说的又都是些成人之间的事情，以小杰的生活阅历，更是难以理解。

然而爸爸却丝毫不放松对小杰的要求。要完成爸爸布置的阅读任务，小杰平时喜欢看的那些读物自然也就被束之高阁了。渐渐地，爸爸发现小杰对读书的兴趣越来越小，他拿起书都会头疼，更别说读下去了。时间久了，就连先前爱读的那些作文书，小杰也没有兴趣看了，写作文的时候脑子一片空白，什么也写不出来。小杰的爸爸不知道为什么自己的一片好意却得到了这样的结果。

专家支招：

让读书成为孩子的最爱

1. 父母要有看书的习惯

父母是孩子最好的老师，孩子通常是在模仿父母的过程中长大的。父母如果喜欢看书的话，孩子自然也就会有意无意地模仿。童话大王郑渊洁说："要培养孩子爱读书的习惯，做父母的哪怕不喜欢看书，也要每天在孩子面前看书，哪怕是装模作样。因为只有这样，你的孩子才会受到熏陶，才会爱上书，与书交朋友。"这句话是非常有道理的。

2. 了解孩子的阅读兴趣所在

不同年龄段的孩子对阅读的兴趣是很不相同的，因此，做父母的应当努力去了解孩子的阅读兴趣所在。孩子是适合读以图为主、标有拼音的幽默童话，还是适合读深刻的童话、伟人故事和历史小说，这些都需要父母有一个正确的把握。不然的话，强迫孩子读自己不喜欢读的书，只能适得其反，消磨掉孩子的阅读兴趣。

3. 营造读书的氛围

要想培养孩子爱读书的好习惯，读书氛围的营造很重要。如果父母喜欢看书，家里到处都是书，孩子想要读书的时候随手都可以拿到书，那么这对孩子爱读书的习惯的养成自然是很有好处的。

4. 引导孩子远离电脑游戏、电视等诱惑

如果孩子过多沉迷于电脑游戏和电视节目，就容易丧失对读书的兴趣。因此，父母应当及时地引导孩子远离电脑游戏等诱惑，通过好书、有趣的书，把孩子的注意力引导到书上来。

玩完玩具后要收起来

玩具是孩子的最爱，一些父母为了孩子能够快乐成长，不惜花很多钱给孩子买各种各样的玩具。可是孩子玩完了玩具之后，不懂得收拾、到处乱扔玩具的坏习惯也让父母很烦恼。其实，孩子们普遍存在乱扔玩具的问题。没有一个孩子乱扔玩具是有意识的，只不过他们没有整理东西的意识，用完了东西随手一扔，这在他们看来是自然而然的事情。这时候，就需要父母及时地加以督促，让自己的孩子学着收好玩具，使其逐步养成做事情有头有尾的好习惯。

小菲菲刚刚3岁，很喜欢玩具。为了孩子能快乐成长，妈妈给她买了各式各样的玩具。

可是，渐渐地，妈妈发现菲菲玩完玩具之后，从来都不喜欢收拾，每次玩玩具的时候非常用心，可是玩过之后随手一扔。菲菲对玩具也不是很爱惜，玩的时候常常随便在地上乱摔。

有一次，菲菲玩完了玩具之后，又把玩具扔了一地。妈妈看到了之后，本来想大声训斥菲菲一顿，但是想了想，还是忍住了。妈妈走过去，从地上拾起玩具，然后放在耳朵旁边，做出仔细聆听的样子，然后把玩具放到桌子上。

菲菲看到妈妈这样做，就奇怪地问："妈妈，你在干什么呀？"

妈妈笑着说："菲菲，你来听！玩具会说话，它们正在哭呢！你想不想听玩具在说什么呀?"菲菲半信半疑地走过来,把玩具贴在自己的耳朵上认真地听着。这时候妈妈就在旁边学着玩具的声音说道:"菲菲一点也不知道爱护我们,总是摔得我们很疼!""菲菲用完了我们总是不收拾,一点都不喜欢我们,我们很伤心,我们要走了,不和菲菲玩了!"

菲菲睁大眼睛,静静地听着。然后妈妈对菲菲说:"听到了吗?玩具们在埋怨菲菲不爱惜它们呢!菲菲应该怎么做啊?"菲菲急忙说道:"应该把玩具收好!"然后就开始一个一个收拾地上的玩具了。

此后,菲菲对玩具非常爱惜,每次玩完了之后也都会小心地把这些玩具收好,改正了以前不爱护玩具、乱扔玩具的坏习惯。

玩具世界对孩子来说是一个奇妙的世界,在玩玩具的时候,孩子的整个身心都沉浸在游戏里,往往想不到要收拾玩具。这时,父母不要把眼睛只盯在结果上,而要把目光放在孩子那迷恋游戏的童心上,因为尽情玩耍的孩子才是身心健康的孩子。引导孩子养成收拾玩具的好习惯固然重要,但是一定要注意方式,不能用不恰当的方式磨灭了孩子的童心和乐趣。

专家支招:

引导孩子爱惜玩具

1. 以鼓励代替批评

孩子没有成人具有的归位意识,这就需要父母的引导。对孩子乱扔玩具的行为,父母不应该以打骂的方式来处理,而应当以引导代替训导,用鼓励来启迪孩子的心灵,调动起他的内动力,让他自觉自愿地去克服不喜欢收好玩具的坏习惯。

2. 控制玩具的数量

一些父母为了让孩子玩得开心，不加选择地为孩子买玩具，认为玩具越多，就越能表达自己对孩子的爱。其实给孩子太多的玩具，反而会让孩子缺乏对玩具的珍惜意识，容易让孩子丧失对玩具的新鲜感，对孩子收拾玩具的好习惯的培养并没有好处。

3. 及时处理一些用不上的玩具

对孩子来说，玩具是具有年龄段的。因此，父母要及时地发现孩子的兴趣所在，将那些已经用坏了的或者孩子已经很难再感兴趣的玩具做适当处理。强迫孩子玩那些自己不感兴趣的玩具，对孩子的智力发展没有好处，同时也不利于孩子主动收拾玩具的好习惯的养成。

4. 让孩子体验一下找不到玩具的"苦果"

当一些孩子对父母收好玩具的要求置若罔闻的时候，父母可以对孩子乱扔玩具的行为暂时不予理睬，让玩具散在地上，孩子要玩的时候找不到，这时再和他一起收拾，放回原处。这样做就可以让孩子知道哪种结果是好的，哪种结果是糟糕的，慢慢地改正乱扔玩具的习惯。

多做运动，
会长得又高又壮

> 常言说："生命在于运动。"对于孩子来说，运动的作用就更加重要了。运动不仅可以锻炼身体、强健体魄，还可以帮助孩子的大脑发育。同时，喜欢运动的孩子在锻炼意志、寻找快乐和增强自信等方面的表现都要比那些不喜欢运动的孩子要好。可是现实的情况却是：现在很多孩子都存在运动量不足的问题。面对电视、电脑、漫画书的诱惑，孩子们运动得越来越少了。作为合格的父母，应当督促孩子养成多做运动的好习惯。

双双和对对是一对双胞胎，今年都4岁了。双双和对对刚出生不久，他们的妈妈就赴美国留学去了。由于精力有限，妈妈只带走了双双，而把对对留给了国内的奶奶抚养。

之后的几年中，为了照顾对对，爷爷奶奶可没有少费心思，对对虽然不在妈妈的身边，可是却享足了福。爷爷和奶奶几乎把全部精力都放在了他的身上，对他百般呵护。为了不让对对在幼儿园受委屈，爷爷奶奶干脆在家亲自照顾他。

爷爷奶奶担心对对出意外，所以一直都对他看护得很用心。3岁时的一天，对对不小心跌倒了，结果造成了右手骨折。在这之后，爷爷奶奶就更加上心了，稍微容易受伤的运动他们都不让对对去做。

可是双双却是另一番"遭遇"，自从跟妈妈到美国之后，双双可算是"吃尽了苦头"。刚到美国的时候，双双就被送进了一个黑人开办的家庭托儿所，和几个比他大的黑人孩子在一起玩，不到两岁的时候就开始和那些黑人孩子一起学游泳。其他各种运动双双也是样样尝试，从比较简单的骑两轮自行车，到比较复杂一点的蹬滑板和滑旱冰，这些都成了双双练习的项目。

4岁的时候，爷爷奶奶带着对对也来到了美国，这对孪生兄弟这才算得以团聚了。

可是渐渐地，爷爷奶奶就发现，在自己身边长大的对对与在"艰苦"环境里长大的双双差别很大。双双很喜爱运动，而对对却总是一个人郁郁寡欢。有一次，两个孩子一起到游泳池里游泳，结果对对紧紧抱着一个救生圈，还不时胆怯地拉着妈妈；可是双双却像一条梭鱼，在水池中钻来钻去，好不自在。

爱运动的双双和不爱运动的对对在其他很多方面的差距也表现得很明显。对对虽然是哥哥，可是无论是从身高还是从身体的强壮程度上来说，都远远不如双双。爷爷奶奶这才发现：自己对孩子运动习惯的教育还真是出了问题，于是以后也重视起来了。

良好的体质是学习的本钱。儿童时期是人一生中身体发育的重要时期，在这个时期积极参加体育活动对孩子的身体发育有很多好处。体育锻炼有利于提高孩子适应环境、抵御疾病的能力，也可以帮助孩子形成热情活泼、积极向上的精神风貌。可是现在，在户外跳皮筋、踢毽子的孩子似乎越来越少了。其中的原因是多方面的：一方面是运动场地有限；另一方面是老师和父母的时间、精力不足，无法照顾到孩子的安全。这些都是导致孩子活动量减少的原因，这对孩子良好的运动习惯的养成都是很不利的，父母必须重视这一点。

当然对孩子运动习惯的培养也必须科学，毕竟孩子的年龄还比较小，超负荷的运动量对孩子来说是有百害而无一利的。

医院里来了一对年轻的父母，他们是带着自己的心肝宝贝来医院看病的。医生接待了这个"小病号"，孩子的父母焦急地问医生："为什么我们家的孩子站着的时候，两个脚掌没有办法平放在地上呢？"

看着面前这个话还不会说的孩子，医生问这对父母："你们家的孩子多大了？"这对父母说道："已经4个月了。"医生反问道："4个月的小朋友连坐都还不会坐呢，你们为什么一定要抱着他站呢？"

经过一番解释，医生才算明白，原来，这对父母想及早培养孩子的运动能力和运动习惯。他们看到隔壁家的小孩子10个月的时候就会走路了，就想让自己的孩子更早地学会走路，然后更早地从事体育锻炼。

医生对此感到哭笑不得。这时候又来了一对夫妇，他们是带着自己的孩子来复诊的。医生对这个4个月孩子的父母说道："你们看，那对夫妇的孩子4个月的时候就开始坐学步车，10个月的时候，孩子就会走路了。可是现在孩子却由于膝盖过早负担体重而被压成了'O型腿'。"

> 专家支招：

让孩子爱上运动

1. 首先要让孩子对运动感兴趣

孩子最乐意做的是自己认为有意思的事情，因此父母应当让运动变成孩子感兴趣的事情。父母可以与孩子一起观看精彩的体育比赛、与孩子一块儿跑步或者一起打打球等，这些都可以促使孩子对运动产生兴趣。总之，要让孩子把运动当成一件有趣的事情，而不是一种负担。

2. 支持孩子的运动爱好

当孩子开始习惯运动之后，父母要为孩子的体育活动创造物质条件，如给孩子买一对乒乓球拍、买跳绳、买小足球等。只有这样，孩子才能够保持热爱运动的兴趣，并把运动的兴趣转化为稳定的习惯。

3. 坚持督促

孩子的年龄还小，因此在自觉性和毅力等方面都不是很强，这就要求父母对孩子的运动进行监督。如果不严格要求的话，孩子很可能就会出现"三天打鱼，两天晒网"的情况，这将不利于孩子热爱运动的习惯的养成。

4. 注意适量运动的原则

热爱运动当然是好的，但是孩子正是长身体的时候，各方面的机能还处于发育阶段，过大的运动量对孩子来说是危险的。因此，父母不要让孩子进行超负荷的运动，要让孩子学会在运动中保护自己。

询问孩子时，请这样说……

父母常常为孩子操心，也常常武断地剥夺孩子做决定的权利。事实上，孩子在人格上与父母是平等的，要培养孩子健全的心理，就要学会尊重孩子。让孩子参与到讨论中来，这是父母要做的一件重要的事。询问孩子时，父母请这样说……

你喜欢哪一样

每个人都有自己的喜好，当一个人能够做自己喜欢的事情的时候，心情就会变得愉快。成年人尚且如此，更何况是一个天真烂漫的孩子呢？所以，父母在教育孩子的过程中，一定要尊重孩子的选择，让孩子表达自己的好恶。父母都疼爱自己的孩子，但是究竟怎样做才算是疼爱呢？一切都事先为孩子选择妥当就算是疼爱吗？不一定。如果孩子在日常生活中的各种选择都得不到重视的话，他就感受不到被尊重的感觉，又哪里会有快乐可言呢？

小民今年7岁多了，一直以来，不管是为小民买生活用品还是买玩具，都是由妈妈做主。可是渐渐地，妈妈发现小民对自己的这些安排并不领情，有时候甚至表现出厌烦的情绪。

有一次，妈妈到新华书店为小民精心挑选了几本书，在妈妈看来，这些书无论在内容上还是画面上都非常适合自己的孩子。可是拿回去之后，小民连翻都没有翻就扔在了一边。经过这件事情之后，妈妈决定以后买东西要让儿子自己挑选。

周末的一天，妈妈带着小民到一家购物中心购买玩具。最后，小民停在了拼图区，他告诉妈妈自己想买一幅木质拼图，可是拼图的种类实在是太多了，妈妈知道小民喜欢军事知识，觉得小民应该会喜欢一幅航空母舰的拼图，于是就把它递给了小民。小民饶有兴趣地看了一会儿，却把它放回了原处，然后拿起一幅跑车图案的拼图。仔细看过跑车的外观和结构后，小民终于拿定主意要买这一幅。

本来小民还决定费一番口舌和妈妈商量呢，可是这一次，妈妈却什么话也没有说，就付钱了，小民感到很惊讶。在回去的路上，妈妈问小民："儿子，你不是很喜欢军事知识吗？为什么不买那个'航母'图案的拼图，却选择了这个'跑车'图案的呢？"

小民说道："其实那两副我都很喜欢，但是'航母'那副拼图的结构实在是太复杂了，我担心自己拼不好；那个'跑车'的拼图相对简单一些，难度正适合我。我相信自己努力一下一定能够拼得很好的。而且，说明书上说，拼好的跑车的驾驶室可以做笔筒用，我想拼好之后送给妈妈。"

看到儿子懂事的样子，妈妈真庆幸自己没有自作主张为孩子买另一个。经过这件事情之后，妈妈开始常常让小民自己做决定了，每当买东西拿不定主意的时候，妈妈都会问小民："你喜欢哪一样？"而小民的决定也总是能够让妈妈信服。此后，母子俩的关系也变得更加亲密了。

很多父母总是抱怨自己的孩子不听话，总是喜欢和自己"唱反调"，其实实际情况并不是如此。孩子在很多时候比父母们想象中的要通情达理得多，只不过是父母没有意识到，没有给孩子机会让他们把自己的想法说出来，所以才导致了这样的矛盾出现。尊重孩子、理解孩子，站在孩子的立场上去让孩子自己做选择，这样往往更有利于事情的解决，有利于父母与孩子之间关系的和谐。而做不到这一点的父母，只会使自己解决问题时事倍功半。

洋洋6岁了，爸爸常常带着他到人民公园玩。时间久了之后，洋洋也开始喜欢上了公园,只要看爸爸没事,就缠着爸爸带自己去公园。爸爸也乐意让孩子多到户外接触一下人群,多呼吸一下新鲜的空气。

有一次,少年宫正在开办一个关于少儿绘画的展览,洋洋的爸爸觉得这是一个让孩子接触艺术的好机会,于是就决定带洋洋到少年宫去。他对洋洋说:"今天爸爸带你去少年宫,少年宫里有很多小朋友画的画儿,可好看了。"

可是洋洋听说要去少年宫,就不乐意了,又是踢腿又是抡胳膊的,一定要去公园玩。爸爸看洋洋这么不听话,就很生气,大声对洋洋说:"今天就去少年宫,如果不去的话,就什么地方也不要去了。"

洋洋不愿意待在家里,于是只好和爸爸一起去少年宫。结果下午的时候,虽然洋洋的爸爸不断跟洋洋讲那些画儿有多好看,可是洋洋却一点兴趣也没有。洋洋闹了一个下午,爸爸只好带着他回家了。

专家支招:

孩子的事情由孩子自己决定

1. 尊重孩子的思维特点

一些父母不懂得孩子的心理特点,不能体会孩子的内心世界,所以常常习惯武断地用自己的思维方式代替孩子思考、做决定。而一旦孩子对父母的决定表示反对的时候,父母总是说:"我们不会害你的,我们比你懂,你按我们说的做,准没错。"就这样,在父母"爱"的光环下,孩子的选择权被无情地剥夺了。其实,孩子的思维习惯和大人相比具有较大的差异,所以父母应当尊重孩子的思维特点,而不是自作主张地为孩子做决定。

2. 鼓励孩子做选择

一些孩子怯于选择,这时候,父母更应当鼓励孩子勇敢地做选择。虽然在这个过程中,孩子可能会摔几个跟斗、走一段弯路,但是选择的能力正是在一次次选择的尝试中得以提高的。如果父母总是用"不听老人言,吃亏在眼前"的责备来压制孩子做选择的行为,久而久之,就会让孩子丧失选择的勇气,甚至导致孩子产生自卑心理。

3. 适当引导孩子学会选择

孩子的社会知识和生活经验不足,在自主选择的时候,出现偏差是难免的。因此,父母在让孩子进行选择的时候,还要学会适时地引导。尤其是一些比较重大的事情,父母更要及时地提供自己的意见,作为孩子选择时候的参考,也只有这样,才能够减少孩子由于不成熟而可能造成的选择失误。

我能听听你的意见吗

在谈到对孩子的管教和教育的时候,很多父母都觉得自己的孩子越来越不听话了,殊不知,这与父母的关系很大。在遇到事情的时候,通常都是父母两个人就决定了事情该怎么做,一旦孩子试图参与进来,父母就会说:"这么小的一个小孩子懂什么?待到一边去!"有时候这些话是大人们用嘴巴说出来,有时候是用眼睛说出来,但是其结果都是一样的——不但伤害了孩子的自尊心,而且也导致了孩子和父母之间的隔阂,严重的还会使亲子关系恶化,使孩子形成孤僻的性格。

小龙是学校篮球队里的主力队员,篮球打得非常好。每年夏季,学校都会举行篮球比赛,这对于每一个参加篮球比赛的孩子和孩子的父母来说,都是一个非常重要的日子。今年的比赛尤其重要,因为如果小龙表现出色的话,就可以代表学校与其他学校的校队进行比赛了。

比赛的日期临近了,小龙的爸爸决定比赛的当天带着全家人去为小龙加油。这天早上,爸爸早早地就叫醒了家里的人,并催促大家赶紧收拾好东西,一起去看小龙的比赛。

小龙的双胞胎妹妹小香却一点都不喜欢篮球。对她来说,在球场边呐喊助威还不如在家里看自己的童话书更好一点。于是,当爸爸催促小香整理行装的时候,小香就对爸爸说:"我不去!"爸爸听了小香的话非常生气,于是就对着小香大发脾气。

小香看到爸爸这样生气，只好勉强去了。可是在观看比赛的过程中，小香一直闷闷不乐的，回到家之后，她一个人待在房间里，不和大家说话。

刚开始的时候，爸爸还很生气，觉得小香不懂事，但是渐渐地，爸爸也开始反省自己，觉得自己在这件事上太独断专行了，丝毫没有征求小香的意见。于是，晚上吃饭的时候，爸爸当着大家的面向小香道了歉，承认了自己的错误，表示自己不该强行让小香观看她不喜欢的运动。

听了爸爸的道歉之后，小香也道歉说自己不该只考虑自己的爱好，也应该为哥哥的成绩感到高兴才是。就这样，一家人又开开心心地坐在了一起，共同讨论起小龙的比赛来。

从此之后，只要是有关小龙或小香的事情，爸爸总会问他们："我能听听你的意见吗？"然后再做决定，这样一家人比以前更加和睦了。

随着年龄的增长，每个孩子对事物都会有自己的看法，可是很多父母却不理解他们，而是一直按照自己的想法来安排孩子。在家庭生活中，一些父母也常常会有意无意地变得很专断，忽视了孩子的意见。当孩子变得无精打采、郁郁寡欢的时候，父母却还蒙在鼓里，不知道是什么原因导致了孩子与自己之间的隔阂。所以，当父母做任何决定的时候，不妨多问一问孩子的想法。

皎皎今年5岁，却已经会发表自己的看法了。可妈妈却总觉得皎皎是个一点也不懂事的小孩子，所以从来都不把她的意见放在眼里。妈妈带皎皎去商店买衣服时，特意帮皎皎挑了一件很漂亮的衣服。可是皎皎却不喜欢这件，她偏偏喜欢一件在妈妈看上去式样很土、上面有个波斯猫图案的衣服。最后，妈妈还是按照自己的意见为皎皎买了衣服。可是，衣服买回来之后，皎皎几乎很少穿，偶尔穿上这件衣服，也总是不爱惜。

夏天到了，皎皎从幼儿园放假回到家，准备过暑假。妈妈听说一个钢琴兴趣班不错，就张罗着让皎皎去学钢琴。这件事情妈妈一点都没有和皎皎商量，就直接找到了那个班的负责人为皎皎报了名，还交了学费。可是当和皎皎说起这件事情的时候，皎皎却倔强地说："我不想学钢琴，我想学电脑。"妈妈很生气，觉得皎皎不懂事，最后，皎皎还是在妈妈的训斥下上了钢琴课。

看着皎皎每天皱着眉头来来往往的样子，妈妈不明白，为什么皎皎就不理解自己的苦心呢？

专家支招：

孩子的意见不可小觑

1. 不要强制孩子听取自己的意见

有些父母在面对孩子的时候，总是习惯于采取"行政命令"的方式，而很少会听取孩子的意见。对自己的意见，父母通常会要求孩子只能是"理解的要执行，不理解的也要执行"。这样的态度容易使孩子产生逆反心理，长期发展下去对孩子的成长是很不利的。

2. 合理对待孩子的"顽固"

一些孩子在面对父母的意见时，坚决不愿意按照父母说的话去做，表现得很"顽固"。这个时候一些父母就喜欢用简单粗暴的方式对孩子进行训斥或者体罚，这样的做法是十分要不得的。父母一定要有耐心，慎用粗暴的方式对待孩子。

3. 多从孩子的角度考虑问题

父母看问题的时候，采取的是成人的视角，而孩子看问题的时候，却多数都是从儿童的心理出发。因此，两者之间存在差异是很正常的。这个时候，父母就要多站在孩子的角度考虑一下问题，多问问孩子，多听听孩子的意见，从而使自己的决策更容易被孩子接受。

我能跟你聊聊吗

每个孩子都会有自己不同的需求,也都会有自己不同的想法。由于孩子本身的性格和成长环境不同,他们的思维和行为也有不同的特点。所以说,孩子的内心世界其实是千差万别的。这就要求父母对孩子要格外细心,需要经常与他们沟通,不断了解他们,给予其正确的引导。父母在空闲的时候多和孩子聊聊天,就可以逐渐理解孩子的内心感受,这有利于父母与孩子之间的沟通,能够增进父母与孩子之间的感情。

小明的爸爸妈妈很疼爱小明,总是怕小明伤着碰着。有一次,小明的家里来客人了。小明是第一次见到这位叔叔,于是很礼貌地上前问好。在爸爸妈妈和这位叔叔寒暄的时候,小明想要去为这位叔叔倒杯水,于是就自己倒了杯水端过来。可是他还没有走到桌子旁边的时候,就听妈妈惊慌地对自己大叫:"小明!小心点!赶快放下,不要弄伤了手!"

小明很不情愿地放下了手中的杯子。妈妈急忙走上来对小明说:"宝贝,你会把杯子摔破的,要是割到了你的手指,会很疼的。倒水的事情妈妈来就行了。"妈妈一边说着,一边抚摸着小明的头。可是小明却好像并不高兴,他看了妈妈一眼,就悻悻地走进了自己的房间,然后关上了门。

妈妈很奇怪,不知道小明是怎么了,于是就笑着对朋友说:"孩子今天好像有点认生。"这位朋友却笑着说:"其实不是认生,是因为你刚才的话伤害了孩子的自尊心！"

小明的妈妈很惊讶，急忙问道："什么？伤害了他的自尊心？怎么可能呢？"

朋友说道："怎么没有呢？你刚才的做法明显就是小看了孩子的能力，他一定会认为你是在小看他，觉得他没有能力做好这件事情，而且还是当着客人的面，这就更让他难堪了。"

小明的妈妈说道："可我只是想要保护他而已啊！"不过想想朋友的话好像也有道理，于是妈妈就决定去看一看小明。

妈妈敲开了小明的房间，只见小明正垂头丧气地坐在床上发呆。妈妈和蔼地对小明说："小明，妈妈能和你聊聊吗？"小明点点头。"你为什么这么不高兴呢？是谁欺负你了？"小明摇摇头，然后说道："妈妈，我是不是很没用，一点小事都做不好？"他说话的声音里面还透露着一丝胆怯。

妈妈这才明白自己刚才的做法确实伤了孩子的心，于是就抚摸着小明的手说道："妈妈就是要和你聊聊这个事情。刚才妈妈那样做是怕小明会弄伤自己，并不是担心小明做不好。不过在客人面前这样说对小明很不好，妈妈已经知道错了，你能原谅妈妈吗？"

小明看着妈妈，笑着点了点头，一下子又变得开心起来了。

其实，孩子和父母之间的很多想法都是需要沟通的，不沟通的话，就难以让对方了解自己的感受。所以父母应该多和孩子在一起，抓住一切可能的机会了解孩子的内心世界。作为称职的父母，就要经常和孩子在一起，看他们喜欢玩什么，对学校、社会、周围的一切感兴趣的是什么，这是十分必要的。而那些不称职的父母从来不会对孩子说："我能和你聊聊吗?"在他们看来,孩子是用来指使的,没有丝毫表达意见的权利,这种想法是十分错误的。

冯阿姨的家里失窃了。冯阿姨回家之后清点了一下家里的东西,发现除了丢失一些财物外,还丢失了儿子的存钱罐。冯阿姨的儿子很懂事,平时的零花钱他从来不乱花,总是存下来,放在自己的存钱罐里。这下可好,攒下的几百元钱却被小偷给盗去了。

接下来的几天里,冯阿姨和冯叔叔两个人忙得不可开交,到处忙着找人安装防盗门,亡羊补牢。冯阿姨发觉孩子也有点精神不振的样子,可是也没有想那么多。一天,儿子在吃晚饭的时候对妈妈说:"妈妈,我的钱也被偷走了,我想要回我的钱……"

冯阿姨一下子明白了孩子的心思,但是想想家里出了失窃这么大的事情,孩子却还想着自己丢失的那几百元钱,就觉得儿子实在是太不懂事了,于是就大声地训斥起孩子来:"家里丢了那么多东西,你怎么不替爸爸妈妈着想一下,真是不懂事!"孩子没有再说什么,默默地吃完饭走回了屋子里。

此后,冯阿姨的儿子渐渐变得沉默寡言,越来越不愿意与父母说话,反倒没有以前那么懂事了。

专家支招:

孩子的内心是需要"聊解"的

1. 多和孩子聊天

父母可以试着每天用一点时间与孩子聊天,这无疑是沟通的最好途径。和孩子多聊天，不但可以让父母了解自己的孩子，还可以让孩子了解父母，让孩子明白很多时候父母的做法究竟是为什么。这样一来，就可以减少双方的误解，增进彼此之间的感情。这种聊天可以很随意，不必拘泥于时间或者形式。

2. 多花时间陪孩子

孩子的内心世界常常会通过一些细节表现出来，这就需要父母多花时间陪孩子，只有这样，父母才能从点点滴滴的细节中发现孩子的所思所想。父母有空要和孩子打打乒乓球、羽毛球；节假日时，问孩子想去哪里，尽量多与孩子在一起；要多留心孩子的言行举止，这样就会渐渐明白孩子内心的想法。

3. 要有诚恳的聊天态度

父母在和孩子谈话的时候，一定要注意保持一种友好、尊重的语调，不要轻易打断孩子的话，让孩子知道你是在和他谈话而不是在训话。否则，如果在形式上是在聊天，可实际上不过是父母对孩子的另一种形式的命令和训导，这样是起不到任何作用的。

4. 适当表现自己的弱点

在和孩子聊天的时候，父母要敢于向孩子表露自己内心的想法，甚至是一些孩子并不知道的弱点。这样的话，孩子就会更愿意向你展示他的内心世界，这样对彼此之间增进了解是十分有好处的。

你有更好的主意吗

> 很多孩子常常抱怨:"每当我和爸爸的意见不一致时,他都以势压人,不让我说话。有的时候,爸爸的批评根本就不是那么回事。"或者说:"妈妈从来都自作主张,我的意见一点都不被重视。"其实,父母在做决定的时候不允许孩子发表自己的意见,是一种错误的行为。如果长期下去,孩子就没有了发表意见的欲望。更为严重的是,一些孩子会因此而对父母的意见采取抵制的态度,或者"软抵抗"。

小宝和小贝是双胞胎兄妹,平时两个人玩得很好。可是有时候孩子在一起,也不免出现这样那样的"摩擦"。

有一次,妈妈正在厨房做午饭,忽然听到客厅里面的两个孩子吵了起来。原来,小宝和小贝正在争抢一本漫画书。妈妈急忙走到客厅里面,这时候两个孩子吵得正凶。小宝先发制人,说道:"这本书是我先拿到的,所以应该我先看。"可是妹妹小贝也毫不示弱,说道:"不!这书是我先拿到的,应该我先看。"两个人各用小手紧拽着书的一角,谁也不肯放手,一时争执不下。

妈妈看到这样的情景,笑着不说话。兄妹俩互不相让,互相争夺了差不多有一分钟,可是谁也不愿意放手。这时候,妈妈才走到了他们身边。小宝和小贝看到了妈妈,像一下子看到了自己的救星一样,纷纷向妈妈求助,两个人都争着说:"妈妈,他(她)抢我的书。"

这真是一件难断的官司。妈妈笑着对他们说道:"究竟是谁先拿到书的妈妈先不管，反正你们也看到了，你们互相争了半天也没有结果，如果再这样争下去的话，也不过是白白浪费时间，谁也看不了书。那么，小贝你告诉妈妈，你有什么更好的办法吗？要知道，只有把问题解决了你们才能看书啊。"

说完之后，妈妈就笑着离开了，然后偷偷地躲在旁边听着。结果两个孩子都不说话了。过了一会儿，妹妹小贝说："我要先看。"这时候小宝却不再争执了，而是大度地说："那好吧，你先看，看完了告诉我，那时候我再看好了。"小贝想了一下，马上说："好，我看完了马上就给你看。要不我们一起看吧！"

看着两个孩子一起坐在桌子旁安安静静看书的样子，妈妈舒心地笑了。

很多父母在面对孩子的时候都缺乏应有的耐心，遇到事情的时候也不先调查问题的来龙去脉，就一味地大发脾气，直接发表自己的意见，这种做法是违背教育宗旨的。无论处理什么事情，父母都要重视孩子的意见。有时候孩子的意见非但不是幼稚可笑的，反而能够为父母做出的决定提供很好的参考。父母经常问问孩子是否有更好的主意，这对孩子来说也是一种不错的锻炼机会。

冰冰从小就很有音乐细胞。在她很小的时候，妈妈就发现，冰冰听到钢琴曲的时候会跟着节奏一摇一摆的，好像要跳舞的样子。所以当冰冰5岁的时候，妈妈就想让冰冰学一学电子琴。

冰冰很高兴，她想到自己终于可以弹琴了，于是就老是问妈妈什么时候带自己去买电子琴。可是妈妈的工作比较忙，所以总是抽不出时间来。

有一天下午，冰冰的妈妈偶然间有了空闲，于是就请假回来，准备带冰冰去买电子琴。冰冰听了之后先是一阵高兴，但是马上就又犹豫了，磨磨蹭蹭地不愿意去。妈妈可等不及了，拉着冰冰就出了门。

很快妈妈就带着冰冰买好了电子琴，可是冰冰却没有预料中的那么高兴，反而哭丧着脸。其实妈妈不知道，下午的时候冰冰本来是和一个小朋友约好了一起玩的，妈妈也不问冰冰有没有更好的主意，就带冰冰出来了，怪不得冰冰一个下午都不高兴。

专家支招：

向孩子咨询

1. 理解孩子所表达的愿望

每一个孩子都愿意让父母知道自己已经长大了，但是却并不是每一位父母都能够理解孩子这样的感受。对于一些父母来说，孩子一旦表达了自己的意见、挑战了父母的"权威"，父母就会采取一些比较急躁的手段打击孩子或是对那些反对意见置之不理。这样做是对孩子的积极性的严重挫伤，是十分不正确的。

2. 提高孩子的能力

父母可以针对孩子表达自己意见的欲望进行积极的引导，让孩子在做事的过程中不断地提高自己的能力。在孩子提出的办法比较成熟的时候，也可以适当采纳，作为对孩子的鼓励。久而久之，孩子自然就可以主动地去解决问题了，这对孩子的成长来说无疑是十分重要的。

3. 采取适当的"民主"策略

虽然孩子的意见在很多时候并不如父母的意见成熟，但是作为家庭的一员，孩子也应该有表达自己意见的权利。父母可以适当地在家里采取一种"民主"的策略，让孩子的不同意见得以表达。

你对爸妈的
决定有什么意见吗

父母的爱是神圣而伟大的，但在现实生活中，我们却经常发现很多孩子对父母的爱往往不以为然，甚至常常产生逆反心理，对父母抱以"敌视"的态度。这是什么原因造成的呢？问及这个问题的时候，很多孩子都会说："谁让他们总是自以为是，什么事情都是自己决定，从来不考虑我们的意见。"其实父母为孩子做决定，这在很多父母看来都是对孩子的爱的表现，可是到了孩子那里却成了他们"敌视"父母的理由。因此，父母要想让孩子从内心深处感受到他们的爱，就应当时时把自己的意见通过合适的方式传达给孩子，同时也听听孩子对自己的决定的意见和看法，只有这样，双方才能顺利、有效地进行沟通。

盟盟刚刚5岁，上幼儿园的中班。和很多这个年代长大的孩子一样，盟盟很喜欢吃肯德基。可是盟盟的爸爸却不愿意让孩子过多地吃这些食品，所以盟盟提出来要吃肯德基的次数虽多，但得到满足的次数却很少。

盟盟的爸爸觉得自己的理由很充足：一是肯德基这一类的快餐没有什么营养，多数都是垃圾食品，孩子正在长身体的时候，隔三岔五吃这些东西对孩子的身体毕竟没有好处；二是时间上也不允许，他晚上接盟盟从幼儿园回来的时候差不多已经是吃饭的时间了，如果盟盟吃了肯德基，自然也就没有胃口吃家里做的饭菜了。这样的饮食习惯对孩子的成长显然很不利。

虽然爸爸的理由很充分，可是盟盟却不管这些，常常和爸爸闹得很不愉快。盟盟的爸爸决定找个好办法，既不能让孩子感到委屈，又不能让孩子吃太多这样的快餐。

有一个周末，盟盟在家里很无聊，对爸爸说："爸爸，我想去西单图书大厦看书去！"爸爸听了，还没有来得及开口夸奖孩子，就听见盟盟在后面加了一句："能让我看完书后吃一顿肯德基吗？"

爸爸这才明白小家伙的心思：看书是假，想吃肯德基才是真！但是爸爸却不动声色，痛快地带着盟盟去书店了。在书店，爸爸向盟盟介绍了一套书店里正在热卖的《动物世界》的图书。盟盟在一边翻看着，非常专注。过了一会儿，他们就要离开了，盟盟还是一副恋恋不舍的样子。爸爸见机会来了，就趁机说道："盟盟，爸爸决定用今天去吃肯德基的钱买下这套书送给你。你对爸爸的决定有什么意见吗？"

盟盟看了看书，又咂了咂嘴，最后终于决定还是要这套书。回家的路上，盟盟一直都紧紧抱着这套书，一点也没有为没吃上肯德基而不高兴。此后，又经过几次这样的事情，盟盟也就再也不吵着闹着要吃肯德基了。

很多父母喜欢把孩子放在保护伞下，用自己的身躯为孩子遮风挡雨，这是无可厚非的。但是，孩子终归要走出父母的视线，开拓比父辈更广阔的发展空间。所以，要想让孩子在以后的征途中拥有更加有力的"翅膀"，父母就应该让孩子拥有选择的权利，因为选择意味着责任。那些只懂得把自己的意见强加给孩子的父母是不称职的父母，他们不懂得一个简单的道理：如果从来不听取孩子的意见，孩子没有体验过选择的滋味，他今后又怎么能选择适合自己的发展道路、迎接各方面的挑战和竞争呢？

东东今年就要小学毕业了，关于孩子选择一个什么样的中学继续读书成了一家人关注的核心问题。东东的家里并不算很富裕，但是东东的爸妈为了东东能够拥有更好的读书条件，决定花3万块钱的择校费，让东东读市里最好的那所重点中学。

一天，爸爸妈妈把东东叫到了面前，向东东宣布了这个决定。东东却说道："我并不认为上那所重点中学成绩就能够好。那所重点中学里面成绩好的学生那么多，我去了之后会有很大压力的。相反，如果能够进一所普通的中学，我想自己可能更有信心一点。"但是东东的爸妈却不理会东东的意见。

暑假过后，东东进了那所重点中学。结果果然像东东所说的那样，在沉重的学习压力下，东东根本就不能够适应。一个学期下来，东东成了班里的差生之一。东东的爸妈只叹息自己的孩子不争气，却不知道正是由于自己的独断专行才让孩子处于这样的境地。

专家支招：

让孩子明白他的意见对父母很重要

1. 父母也可能出错

每个人都可能出错，也就是说父母做出的决定也很有可能是错误的。如果考虑父母和孩子之间的年龄差异，父母做出错误决定的可能性就会更高。父母在做出决定的时候应当这样问自己："你怎么知道错的是孩子而不是你呢？就因为你是大人吗？难道大人就不会犯错误？犯错误难道是孩子的专利吗？"这样问过之后，或许很多父母就会更加乐于听取孩子对自己决定的看法了。

2. 平等地听取孩子的意见

孩子的意见应不应该得到重视？很多父母的答案是否定的。他们认为孩子不够成熟，所以孩子的意见完全可以不必参考。其实参考孩子的意见并没有什么坏处，孩子的看法如果错了，父母可以告诉孩子为什么错了，什么才是对的。孩子听懂了自然会听父母的，但那不等于是父母的决定，那是孩子经过思考后所做出的慎重选择。在做出决定的时候，父母和孩子是平等的，绝对不能忽略了这个关系。

3. 融合的意见最科学

任何一个决定，吸取的意见越多，就越科学。父母做出的决定只是父母一方眼光和经验的结晶，如果能够进一步听取孩子对这些决定的看法，融合孩子的一些想法与意见，就可以使父母的决定更加科学。因为，很多时候，父母尊重孩子的选择与孩子尊重父母的选择是不矛盾的。在充满民主气氛的家庭中，尊重是相互的。父母让孩子发表对自己决定的看法，实际上是为孩子树立了一个尊重父母意见的榜样。

你这么做的时候，
心里是怎么想的

> 孩子的心很多时候都是透明的，所谓"孩子口中出真言"就是这个道理。而有些时候，孩子的心却是世界上最复杂的，之所以这样说，是因为成年人用自己的思想去揣测孩子的所思所想时，总觉得不可思议。孩子们究竟在想些什么？他们到底怎么了？对这些问题，父母究竟能够了解多少呢？这并不是一个无关紧要的问题。事实上，随着社会的进步，孩子的生理、心理都在超前发展，可是很多父母对孩子内心世界的认识却还停留在一个比较低的水平上。因此，关注孩子的心理问题，对塑造孩子健全的人格尤为重要。

小琳刚刚上初中，开学不久学校就进行了军训。孩子们第一次穿上军装，别提有多高兴了。小琳也一样，每天从学校回来，她都要把白天军训时所发生的有趣的事说个够。

可是，刚刚过了两天，小琳就成了"伤兵"。原来，跑步的时候，小琳为了躲避小石头，不小心扭伤了脚。看着受伤的女儿，妈妈心疼得不得了。在接下来的几天里，妈妈一直在家帮女儿换药，照顾女儿的饮食起居。从调药、敷药到包扎，经过半个多月的护理，妈妈差不多成了半个医生了。

很快，军训就结束了。新的学期开始了，开学的第一天，小琳早早就收拾好了书包，准备去上学。妈妈看着小琳的脚肿得还挺厉害，就劝女儿先不要去上学了，然后就想打电话找班主任请假。

可是女儿坚决不同意，坚持要上学。最后，妈妈拗不过小琳，还是送她去上学了。虽然送小琳到学校不是什么难事，可是她上下楼梯很困难，有时候还需要别人帮忙。这样一天下来，她的脚肿得更厉害了。晚上回到家，妈妈看着女儿疼痛难忍的样子，坚决不同意小琳再去上学了，但她也不愿意强制孩子在家待着，于是就决定说服孩子。

晚上，妈妈为小琳敷药的时候，问小琳："琳琳，妈妈能问你一个问题吗？"女儿点点头。妈妈继续问道："琳琳，你的脚都肿成这个样子了，为什么还要坚持去上学呢？是不是担心功课会耽误啊？要是担心这个的话，妈妈可以帮你补习呀！你坚持上学的时候，心里是怎么想的？"

小琳想了想说道："妈妈，我不是担心功课。我不愿意请假是因为如果请了假，就没有资格参加三好学生的评选了。"妈妈听了之后心里一惊，但还是笑着说："琳琳，你要知道，脚受伤了是需要休息的。如果不休息的话，就会延迟痊愈的时间，这样甚至可能导致习惯性的踝关节扭伤，同样会影响学习和身体健康。你告诉妈妈，是评三好学生重要，还是养伤重要呢？"

小琳明白了妈妈的话，表示要好好休息养伤。第二天，小琳让妈妈给班主任老师打了电话请假，然后就在妈妈的辅导下开始在家里学习功课。

很多父母由于忙于工作，平时缺乏与孩子的沟通，或者不愿意、不能够与孩子进行有效的沟通，所以才会导致他们对孩子的看法有偏见。孩子长大了，可是父母对孩子的认识和要求却没有发生改变，或者对孩子的要求又太过于超前。这些都影响了父母对孩子的教育，父母应该摒弃高高在上的家长作风，真诚地倾听孩子的心声。

由于天气的原因，这两天小飞的妈妈身体有些不舒服，可能是有些感冒了，她总是不住地咳嗽。小飞的妈妈每次感冒的时候，不管是吃药还是不吃药，差不多都是一个星期左右就好了，所以她也就没有在意。

由于嗓子不舒服，小飞的妈妈在家里的时候也尽量不说话。小飞晚上放学后在屋子里面做作业，妈妈在厨房做晚饭。她一边做晚饭，一边不住地咳嗽。可是晚饭做好了之后，她却怎么找也找不到小飞了。

自己都生病了，这个孩子也不晓得体谅一下自己的心情。想到这里，小飞的妈妈就有些恼火了，于是就坐在客厅里面专门等小飞回来，准备好好训斥他一顿。

过了好一会儿，小飞才从外面慌慌张张地跑了回来。妈妈看到小飞回来了，一下子就忍不住发火了，对小飞嚷道："放学回家也不在家里好好地复习功课，到处瞎跑什么？连吃晚饭都找不到人，以后再这样，就不要回来吃晚饭了，就在外面玩个够！"

小飞听了，吓得一声也不敢吭，眼里却流出了委屈的泪水。妈妈的气还没有消，她继续说道："哭什么哭？你还有理了！"

小飞不说话，从口袋里掏出了一个东西放在了桌子上，然后抹着眼泪回屋去了。原来，小飞看到妈妈咳嗽的样子很心疼，就跑出去用自己的零花钱为妈妈买了薄荷糖回来，想让妈妈润润嗓子，没想到竟遭到了妈妈这么一顿训斥。

妈妈看到桌子上的东西，也一下子呆住了，后悔不该随便责备孩子，委屈了孩子。所以，遇到类似情况的时候，父母一定要控制好自己的情绪，问清楚孩子做事情的原因，否则很可能会误解孩子，对孩子造成伤害。

> 专家支招：

让孩子的心声得到倾听

1. 全面了解孩子的想法

很多时候，孩子的内心世界对父母来说，都是一个完全陌生的世界，这就需要父母全面了解孩子内心的想法。这些内容包罗万象，如孩子的梦想是什么，孩子喜欢学习什么、不喜欢学习什么，孩子最好的朋友是谁，孩子最想得到的奖励是什么……任何一件关于孩子的事情都是父母应当努力去了解的，了解得越细致，父母和孩子之间的隔阂也就越少。

2. 随时关注孩子的成长

孩子的成长有时候是十分迅速的，所以明智的父母不应该只注意孩子身体的成长，还应注意到孩子在见识方面的增长。孩子们的观察能力、思维想象能力、感知模仿能力等都会随着年龄的增长而快速发展，这就要求父母在了解孩子内心想法的同时，随时关注孩子的变化与成长。

3. 用自己的经历去感染孩子

孩子的想法不为大人所理解，所以有时候孩子不免被误解。这就容易造成孩子与父母之间的隔阂，所以父母应当以身作则，恰当地引导孩子。如父母可以在生活中讲讲自己被误解的事："今天真是的，我做了许多工作，可是领导却认为我在偷懒，想想真是委屈，但是，我只要问心无愧就行了。"父母的乐观态度往往可以感染孩子，这样一来，当孩子遇到相似的情况时，就会像父母那样乐观地去面对。

面对孩子不理想的成绩时，
请这样说……

孩子在蹒跚学步的时候，父母给予最多的是鼓励和称赞；孩子在学习不好的时候，父母给予最多的却往往是责骂和惩罚。这两种态度造成了什么样的结果呢？孩子在父母的鼓励和称赞下，终于迈开双腿，走出了第一步；孩子在父母的责骂和惩罚下，对学习渐渐失去了兴趣。设身处地地想想，如果自己在工作或生活上犯了错误，最想听到的是鼓励还是责骂呢？所以，面对孩子不理想的成绩时，父母请这样说……

不要紧，
我知道你一直在努力

> 每个孩子的父母都希望自己孩子的成绩能够出色，但是毕竟每个孩子在智力等方面都有这样那样的差别，所以总会有孩子排在后几名。当孩子的考试成绩不理想时，大多数父母都不能正确对待，往往会表现得愤怒和忧伤，对孩子的成绩做出强烈反应。其实，这些处理方式是非常错误的，不仅对孩子日后的进步毫无帮助，甚至可能起到相反的作用。如果孩子一直都在努力地学习，却由于一些客观原因造成了成绩的暂时落后，父母应该宽容对待孩子，对孩子说："不要紧，我知道你一直在努力。"

小东已经上小学三年级了，学习一直都很努力，可是不知道为什么每次考试的时候，小东的成绩总是不怎么好。期中考试快到了，小东为了这次考试能够考好，每天都学习到很晚。有时候，爸爸妈妈都要睡觉了，还看见小东的屋子里面亮着灯。

小东的爸爸妈妈对小东的学习很重视，看到儿子这么懂事、这么努力地学习，十分担心孩子的身体，就总提醒小东早点睡。小东的勤奋，爸爸妈妈也看在眼里，他们都认为，这一次期中考试，小东一定能够考出不错的成绩。

考完试之后，小东感觉还不错。星期五的下午，考试的成绩公布了。小东的爸爸妈妈下班之后,都在家里等着小东回来,认为这一次一定可以好好为孩子的成绩庆祝一下。可是一直到晚上8点,还没有看到小东的影子。

爸爸妈妈开始担心了,于是就打电话给小东的老师。老师也很奇怪,已经放学很久了,小东怎么会还没有回到家呢?于是老师就打电话联系自己班里的学生,后来才有一位同学告诉老师说看到小东放学之后进了一家麦当劳。

爸爸妈妈急忙出门,终于在那家店里找到了低着头喝饮料的小东。原来,下午的时候,老师公布了每一位同学的成绩,小东看到自己的各门功课才刚刚及格,觉得不知道该怎么对自己的爸爸妈妈说,就选择了逃避。

回家之后,爸爸让小东坐在自己的身边,然后语重心长地对小东说:"儿子,爸爸妈妈自然很重视你的学习,但是你要知道,我们重视你的学习并不是说一定要让你考一个高分,只要你努力了,即使成绩一时不好也不要紧。这段时间你的努力,爸爸妈妈是有目共睹的,你完全不必担心,只要你能一直坚持努力下去,就一定会有很大的进步。"

小东流着泪点了点头。爸爸妈妈和小东一起分析了这次考试成绩不好的原因。此后,小东一如既往地努力学习,成绩终于慢慢好了起来。

父母们都有望子成龙、望女成凤的殷切希望,可是父母们也应该明白,对孩子的成绩不能太在意。孩子学习成绩好,那自然值得高兴;可是如果孩子已经付出了努力,学习成绩还是提高不上去,父母也不要过分着急,正确的做法是帮助自己的孩子找出失败的原因,是学习方法不对,还是其他什么原因,只有找到了原因之后,才能"对症下药",慢慢让孩子进步。否则,一味地批评、打骂,不但会伤害孩子的自尊心,有时候还会使孩子出现心理问题。

超超的爸爸对超超管教得非常严格。超超今年刚上小学一年级，由于对新的学习方法不是太熟悉，所以期末考试的时候，超超的语文只考了80分。

超超回到家之后，爸爸一看到超超的卷子就火冒三丈，不管三七二十一，对超超就是一顿训斥："怎么才考这么一点分数？小学一年级就只考80分，以后怎么办？考试前你不是说好好复习了吗？怎么还考成这样？"

超超看到爸爸大发雷霆，非常害怕，就小声向爸爸解释道："这次考试之前我确实认真复习了，可是我复习的东西考试的时候没有考到。所以……"

爸爸听了，更加生气了，大声说道："你还敢撒谎，我看你是想挨打了！"于是不听超超的解释，一把把他按在沙发上，狠狠打起他的屁股来。超超一边挣扎一边喊："我真的复习了，我没有撒谎！"可是爸爸还是不相信，最后还是下班回家的妈妈把爸爸拉开了。

从这件事情之后，超超对学习的兴趣就始终不高，平时也不努力了。超超心里想：既然爸爸已经认定了我是一个不努力学习的孩子，我干脆就不学了。于是超超的成绩也越来越糟糕了。

专家支招：

重视孩子努力的过程

1. 不要过分关注结果

很多父母在询问孩子的学习情况时，第一句问的就是："你现在的成绩怎么样？在班里排多少名？"这种方法很不可取。这样做很容易给孩子传递一个信息，那就是成绩决定一切。这样就会误导孩子，让孩子不注重获取成绩的过程，而是只关注结果。

2. 不要采取暴力手段

有些父母把一生的希望都寄托在儿女的身上，一定要儿女读好书。这种沉重的压力不但会让孩子感觉承受，也往往让父母感到不安。这样的父母一旦看到孩子的成绩不理想就容易着急，或批评或打骂，经常用暴力手段宣泄自己对孩子的不满。这种做法是十分要不得的。

3. 肯定孩子的努力过程

只要孩子一直在努力，哪怕成绩暂时不好，父母也应当充分地肯定孩子的努力过程，不应当因孩子成绩的暂时落后而否定孩子所有的努力。否则的话，孩子在以后的学习过程中就会产生畏惧情绪，担心自己的努力得不到回报。长期下去，孩子会失去学习的积极性。

4. 不要表面安慰实际加压

有些父母在看到孩子的成绩不够令人满意的时候，会对孩子说一些鼓励、安慰的话语，但是表面上是鼓励，结果反而让孩子的压力增加了。所以在安慰孩子的时候，父母应当讲究语言艺术，不要让言语中透露出明显的压力。否则，很容易引起孩子的反感。这样一来，父母的教导也就付之东流，起不到应有的作用了。

别灰心，只是一次没考好，还有下次呀

很多时候，一件事情的成败并不能决定整个人生的发展，对于孩子的成绩来说更是如此。每一个孩子从小到大要经历很多场大大小小的考试，如果将每一次考试都当作事关生死的命运之战的话，那么，孩子很可能就承担不了这么大的压力，过早被压垮了。当孩子的成绩不佳时，他就会产生一种不安的情绪，有时候还会感到灰心丧气。这时，父母就应当让孩子明白：一次没有考好并不可怕，还有下次的考试，应该继续努力。

小丽在家里是个乖乖女，在学校里也是个听话的好孩子。她学习很努力，可是在一次考试中由于没有掌握好考试时间，结果她的试题没有做完。

考试的成绩公布之后，小丽的成绩比别的同学差了好多，数学刚刚及格。回家之后，小丽始终不知道该怎么对妈妈说自己的成绩，所以就一直没有提及。

吃过晚饭之后，小丽回到了自己的房间。面对着考试试卷，小丽忍不住偷偷哭了起来。她一边哭一边在自己的日记上写道："放学了，我自己徘徊在楼下，不知进门之后该说些什么。我不知道自己该如何面对正在家里做饭的妈妈。我手里拿着的是那份连我自己也不会原谅自己的数学试卷。试卷刚发下来的时候,我简直不敢相信自己的眼睛。这一次,我该怎么面对妈妈失望的眼神呢?……"写着写着,小丽就不知不觉睡着了。

其实妈妈看到小丽整个晚上都默默无语的,就大致猜到了女儿的心事。既然女儿没有主动说自己的成绩,妈妈也决定先不过问。晚饭过后,妈妈看到小丽回到了自己的房间,房间里一直亮着灯。快要睡觉的时候,妈妈来到了小丽的房间,看到女儿趴在桌子上睡着了,她的脸上还挂着泪痕。

妈妈看完了小丽的日记,然后在日记后面写道:"孩子,别灰心,只是一次没考好,还有下次呀!你还记不记得妈妈曾经给你讲过的爱迪生发明灯泡的故事?爱迪生为了自己的发明能够成功,经历了那么多次的失败,可是每一次失败的时候,他都知道还有下一次成功的机会。对你来说,这一次没有考好,不是也有下一次成功的机会吗?"

第二天,小丽来到了学校,当她打开自己的日记本的时候,妈妈的字映入了眼帘。看完了妈妈的话,小丽一下子就有了信心。她打开了书本,开始为下一次的考试而努力。

每个孩子在求学的过程中都要经历一次又一次的考试,这些考试有大有小。每次考试都会有孩子考得好,也会有孩子考得差。父母不应当把孩子某一次考试的成绩看得过于重要。毕竟,即使是高考那样重要的考试也并不能决定一个人的未来是成功还是失败,更不用说平时那些大大小小的考试了。

安安已经上小学了,他活泼可爱,可是学习却并不努力。他平时上课的时候不认真听讲，下课之后老师布置的作业也常常不能够按时完成。虽然小学一年级的课程并没有什么非常难的东西，但是由于安安一直不努力，他的成绩和班里的其他同学相比差了很多。

期末考试到了，很多小朋友为了能够考出比较好的成绩都努力地复习，可是安安却还是一副满不在乎的样子。结果在期末考试的时候，卷子上的很多题目安安都不会做。成绩公布出来之后，安安的成绩在班里很靠后。

妈妈得知了安安的成绩之后虽然也非常担心，但是为了鼓励安安进步，妈妈还是对安安说："没关系的，这次考不好还有下一次。"妈妈这样说了之后也并没有认真分析安安考试成绩差的原因。结果，安安还是一直不努力学习，此后安安的成绩也一直都不见起色。

安安妈妈的做法其实是不正确的，当孩子成绩不理想时，父母应该鼓励孩子，但更应该帮孩子找出成绩不好的原因，只有这样才有助于孩子不断进步。

专家支招：

让孩子为了"下一次"而努力

1. 平静地对待孩子的某一次失败

孩子的成绩出来之后，父母见到孩子的第一句话往往是："考得怎样？"如果孩子取得了好成绩，父母就会十分高兴；而一旦孩子的成绩不理想，一些父母的脸就会立刻"晴转阴"，继而就是喋喋不休的训斥。其实，孩子某一次考试成绩的好与坏并不能说明太大的问题，所以当孩子的成绩不理想的时候，父母首先应当作的就是稳定自己的情绪，不要把自己的不安传递给孩子，这是引导孩子走向成功的前提。

2. 让孩子明白失败是每个人的必经之路

孩子的年龄还比较小，所以容易把某一次考试的成绩看得很重。这时候就需要父母引导孩子，让孩子认识到失败是任何一个人走向成功的必经之路。只有这样，才能使孩子在失败的时候体验到一种来自父母的温暖，感受到来自父母的力量，然后才会朝着父母希望的目标去努力。

3. 帮助孩子把目光投向下一次

父母应当帮助孩子，让孩子认识到：无论这一次的失败是因为什么原因，毕竟这一次考试已经过去了，再不断地追悔自己的失败已毫无意义，唯一需要做的就是不断努力，为下一次的成功奠定基础。

4. 帮助孩子找到失败的原因

当孩子成绩落后的时候，父母不应该仅仅对其进行口头上的鼓励，而应当帮助孩子一起分析一下失误的原因，争取将那些阻挡孩子成功的障碍尽早消灭。不然的话，孩子在接受鼓励的时候感受不到压力，也就难以在今后的学习中去追求进步。

你比上次有进步

> 父母都希望自己的孩子学习好,但是我们也必须明白:成绩好总是相对的。一味拿自己的孩子与别的孩子做比较,要求孩子一定要进前几名、一定要得多少分,这样的做法非常不理智。事实上,孩子只要比上次做得好,就很值得我们欣喜了。如果每次孩子都能进步一点点,时间一长,孩子取得的进步将会让我们刮目相看。所以,当孩子成绩不好的时候,父母要少一些呵斥和责骂,多一些鼓励和宽容。一句"你比上次有进步"可以让孩子一天比一天优秀。

小路已经是三年级的学生了。这个学期,语文课开设了作文课。小路的语文学得本来就不好,这次新加了作文写作之后,语文成绩就更别说了。平时小路一见作文就头疼,这次考试的时候,他看到作文题目根本就不会写。

考试试卷发下来之后,妈妈看了看小路的语文试卷,只考了60多分。再看看小路的作文,看了半天,都没看出他在写什么,从头到尾都是些零零散散的句子,根本就没有主题。就这样老师还给了他18分。妈妈笑着对小路说:"你看,作文的满分是30分。其实你这篇作文连5分都不值,这是老师怕你不及格才给了你辛苦分。"

小路低着头,不敢看妈妈。妈妈告诉小路不要灰心。后来,妈妈给他买了作文书,亲自教他看这些作文,甚至要他背下某些特别优秀的文章。有时候老师布置了作文,小路不知道该写些什么,妈妈就带小路出去"体验生活"。每次小路写完作文，妈妈都要认真帮助小路分析究竟哪些部分写得好，好在哪里；哪些部分有不足，差在哪里。

两个月后，学校又进行考试了。小路信心百倍地参加了考试，可是他的语文成绩依旧不是很好。

晚上放学之后，小路小心翼翼地把作文拿给了妈妈看。作文的题目是《家乡的小山》，这次他的作文分数仍旧不高，只有20分，但是妈妈看了之后，却非常高兴。因为这篇作文比上次的那篇进步了很多，虽然作文中的一些句子还是不通顺，一些词用得也不很恰当，但是作文的主题却很鲜明。

妈妈表扬了小路，她说道："这次的作文成绩虽然还不大好，但是比上次有进步，整篇作文都紧紧围绕着主题来写，这是个很大的进步，如果你能够让句子再通顺一点就更好了。"

听妈妈这么一说，小路更有信心了，他开始在妈妈的帮助下一点一点地修改起作文中的句子来。过了一段时间之后，小路甚至爱上了写作文，他的语文成绩也越来越好了。

孩子的成绩不理想，当父母的没有不着急的。有些性子急的父母可能早就体罚孩子了，温和一点的也会批评孩子不努力，而这些做法都是无用的。真正起作用的做法有哪些呢？孩子会因为父母的体罚而发奋读书，下次捧回一张满分考卷吗？孩子会因为父母的呵斥或批评而对学习更有兴趣，以至于学得更好吗？都不会，至少是很难。孩子们都有自尊心，同样需要理解和尊重。一味地责备和惩罚很容易引起孩子的逆反心理，使孩子产生厌学情绪。

涛涛今年上五年级了，他很聪明，学东西很快，但就是注意力不集中，很容易被周围的其他事物吸引过去。为这点，妈妈不知道批评他多少回了，但涛涛就是改不过来。有一天，单元测验的成绩出来了。涛涛一脸兴奋地回到家，对妈妈说："妈妈，我们今天考数学了。""是吗，这回得了多少分？""82分，比上次高10分呢。这回我比上次有进步了。""唉，你知道隔壁的扬扬考了多少分吗？""好像是90分吧。"涛涛有点不高兴地回答道。

妈妈似乎并没有察觉，接着问："怎么又比他考得差？你努点力行吗？"

"你凭什么说我没努力？比上次提高了10分，老师还表扬我进步了呢，就你总是不满意。"涛涛生气了，提高嗓门喊了起来。

"你怎么这么不懂事，我这不是为你好吗？你看人家扬扬，每次都考得那么好，哪像你时好时差。你也不知道给妈妈争点气。"

"我怎么不争气啦？你嫌我丢你的脸是不是？人家扬扬好，那就让他做你的儿子好吧！"涛涛气冲冲地走进自己的房间，"砰"的一声把门关上了。

涛涛的妈妈愣在原地，她本来只是想鼓励孩子下次考得更好，没想到引起孩子这么激烈的反应，她真不知道孩子到底是怎么了。

专家支招：

每次进步一点点

1. 先稳定孩子的情绪

孩子考得不好，可能内心已经非常自责了，如果这个时候父母不加考虑地批评孩子，很可能会造成孩子精神压力过大，出现厌学情绪。对一些平时就比较听话的孩子，父母应该先稳定孩子的情绪，对孩子进行劝慰："没关系，你比上次有进步呀！""这次的测验比上次难多了。"让孩子知道这次虽然考得不好，但父母还是一样爱他。但是对一些因贪玩或不认真而考得不好的孩子，父母就一定要批评教育，让他明白学习的重要性，并多花点时间督促他。

2. 给孩子一些中肯的分析

孩子考得不好的原因是多方面的，有时是孩子的学习方法不对，有时是准备不充分。这个时候，父母应该分析孩子的情况，孩子的弱项，让他多花点时间来攻克这些部分。这样，孩子的成绩必定会慢慢有所提高。这比整天批评他更有效，还有利于培养孩子的自信心。

3. 鼓励孩子下次再进步一点

孩子这次虽然考得不好，但比起上次可能也会有进步。做父母的不能把孩子"一棍子打死"，而应该多安慰和鼓励孩子，使他树立信心，争取下次考得更好。这里特别需要提醒父母的是，不要拿自己的孩子跟别的孩子做比较。因为孩子的天资条件和身处的客观环境不一样，这样的比较非但不公平，还特别容易挫伤孩子学习的积极性。

这道题你做对了，真棒

> 无论自己的孩子在旁人眼里是多么一无是处，父母都应该明白，他也有值得表扬的地方。同样的道理，哪怕孩子的成绩是班里的倒数第一名，父母也应该明白，自己的孩子有值得骄傲的地方。可是实际的情况并非如此，非但那些成绩不好的孩子得不到父母的称赞，即使是那些成绩比较好的孩子，也往往会因为不能拿到满分或取得第一名而受到父母的批评。没拿到100分，就是失败，这似乎成了很多父母评判孩子的标杆。在他们看来，孩子最需要的不是鼓励，而是鞭策。

小亮自从进入小学后，对学习就没有真正上心过，他始终排在班里的最后几名，成绩有时候还不及格。渐渐地，他对自己也没有了信心，于是就沉溺于电子游戏中。

小亮的妈妈为他不上进而烦恼，经常语重心长地教导小亮，每一次小亮听得都很认真，也总是下定决心要努力，可是过后，只要一遇到困难，小亮就又放弃了。尤其是每一次考试的成绩，几乎都会打击小亮努力学习的信心。

妈妈一直在思考该如何让孩子重拾信心。又一次考试到来了，几天之后，小亮带着自己满是红叉的试卷回到了家。他低着头，一声不吭，等待着妈妈的批评。

妈妈强忍着心中的怒气，笑着拿起了小亮的数学试卷，一边看一边不住地思索着。这时候，她发现试卷上有一道比较难的题，小亮竟然做对了，于是她夸奖小亮说："这道题这么难，你竟然做对了，真不错！"

小亮急忙抬起了头，迎接他的是妈妈亲切的笑脸。这道题确实比较难，小亮记得老师上课的时候也说过班里只有几个人做对了这道题。现在妈妈竟然也这么说，小亮一阵感动，顿时放松了许多。

看到这里，妈妈继续说道："不过别的地方做得不怎么好，我们一起来分析试卷好吗？"小亮的眼里闪着愉快的光芒，和妈妈一起分析起了其他的题目。

此后，妈妈经常这样鼓励小亮。一个学期过后，小亮的成绩竟然有了不小的提高。妈妈很高兴，她知道，如果不是当时自己的那句话，或许到现在孩子也不会有信心取得好成绩。

看到孩子的成绩不好，有的父母就会说："蠢材，连这么简单的题也不会做。"而当孩子的成绩不错的时候，这些父母则又不以为然，甚至给孩子泼上一瓢冷水："别高兴得太早了，你的成绩算什么，隔壁张叔叔家的孩子成绩比你好得多呢！"结果，这些话都在不知不觉中伤害了孩子的自信心。另外，还有一些父母对孩子过分的称赞，也会无形中对孩子造成不好的影响。如果父母经常这样表扬孩子，就会让孩子骄傲自大，甚至自负，逐渐失去进取心，这对孩子的成长是十分不利的。

辉辉刚上小学，在第一次数学测验中，考了80分。辉辉的这个成绩在班上不算糟，属于中等水平。回家后，他把自己的成绩告诉了妈妈。妈妈看了儿子的试卷之后，认为应该表扬孩子，于是就满脸高兴地对他说："不错不错！考了这么好的成绩，晚上想吃什么？妈妈给你做！"

辉辉本来以为要受批评的，没想到却被妈妈夸奖了一番。此后，辉辉就想：原来考80分妈妈就这么满意，这还不简单吗？反正妈妈的要求也不高，我干吗还要那么努力呢？于是辉辉对学习渐渐就放松了。

结果，下一次考试的时候，辉辉的成绩不但没有进步，反而比上一次退步了很多。辉辉的妈妈很苦恼：为什么自己表扬了孩子，可是孩子的成绩却越来越差了呢？

专家支招：

让孩子知道自己是被赏识的

1. 冷静地对待孩子的分数

几乎没有孩子愿意考一个差的成绩，他们都有用取得好成绩来取悦父母的心愿，但是毕竟总有这样那样的原因导致了一些孩子的成绩不尽如人意。因此，父母首先要对自己孩子的分数保持一种冷静的心态，然后才能耐心地发现孩子身上那些值得赞扬的闪光点。这些闪光点至关重要，父母及时地对它们进行肯定是孩子获得前进的重要动力。

2. 培养孩子坚韧的品格

孩子的成绩从差到好，需要经过相当长时期的努力。在这个过程中，孩子可能会遇到一次又一次的挫折。父母在发现孩子身上的闪光点、促使孩子努力的过程中，也需要教会孩子正确看待自己的成绩，培养孩子坚韧的品格，让孩子一点一点地进步。

3. 避免只夸奖不激励的做法

一些父母明明看到孩子的成绩不够理想甚至比较差，却还是一味地想通过夸奖孩子来为孩子赢得信心，结果却使孩子只看到了自己的成绩，看不到不足。这些不符合实际的夸奖，只会把孩子捧到天上，让他们变得骄傲自满，最终放弃了继续努力和积极进取的想法。所以父母不但要夸奖孩子，还要学会激励孩子。

我们一起来
找找没考好的原因

> 孩子考试成绩不好的时候，一些父母容易急躁，他们不管是由于什么原因导致的，只是一味地指责孩子不努力学习或者粗心大意。其实考试失败的原因是多方面的，如果不加以分析，就不能够使孩子认识到自己的错误所在，那么下一次考试的时候孩子就可能犯同样的错误。面对孩子不理想的成绩时，父母应当帮助孩子认真地分析原因，而不是没头没脑地训斥孩子一番。

小珊刚上初中一年级，她从小就是一个听话的好孩子，而且小学6年的成绩一直都很好。进入中学之后，小珊学习也一直很努力。第一学期小珊的考试成绩也很不错。看着女儿的成绩名列前茅，爸爸妈妈对小珊的未来充满了信心。

可是，不知道为什么，小珊第二学期的期中考试却考得很差。一向没有出过前3名的她这一次竟然只考了第10名。妈妈不知道是什么原因造成的，以为是女儿学习太累了，营养跟不上，所以在饭菜等方面都尽量做了改善，可是却依旧不见效果。此后的几次考试里，小珊的成绩仍然直线下降。

有一次，女儿的班主任来家里做家访。班主任王老师对小珊的妈妈讲："小珊这一段时间精神状态很不好，上课的时候犯困，听讲的时候注意力也总是不集中，有时候还精神恍惚。如果小珊再不努力，不要说上重点高中，恐怕连毕业都成问题了。"

送走了班主任老师之后，妈妈准备找小珊好好谈一谈。晚饭过后，妈妈就来到了小珊的房间。小珊正在书桌前做功课。妈妈和蔼地对小珊说："珊珊，你这两次的考试成绩稍微有些退步，我们一起来找一找原因，好吗？"

小珊点了点头。在妈妈的鼓励下，小珊说道："其实我也很想努力学习，可是这些日子不知道怎么了，总感觉自己的记忆力很差，晚上也还是和以前一样按时睡觉，白天的精力却总跟不上，有时候还会鼻塞或者头痛，我以为是感冒了，但是又不像。"

妈妈听了女儿的话之后，决定第二天带小珊去医院检查一下。经诊断，小珊患了过敏性鼻炎、鼻窦炎。医生告诉小珊的妈妈，这种病很容易造成孩子记忆力减退、头痛、视力下降。妈妈这才明白了小珊成绩下降的原因。

经过一段时间的治疗之后，小珊的病痊愈了。通过努力，小珊的成绩又好了起来。

如果孩子从小就能够在父母的帮助下养成及时反思、认真总结的良好习惯，那么在今后漫长的学习过程中，父母就可以少操许多心。聪明的父母会主动帮助孩子一起寻找考试失误的原因，并帮助孩子找到如何避免同样的情况再次出现的方法；而有些父母则一味地指责孩子，结果到最后孩子也不明白怎样才能避免差错或少丢分。

凡凡的妈妈对凡凡的学习很关心，每次凡凡的考试成绩公布的时候都是妈妈最紧张的时候。只要凡凡的成绩好了，妈妈立刻就笑容满面，带孩子出去吃好吃的，给孩子买喜欢的礼物，把孩子捧上天；可是如果凡凡的成绩不好，哪怕是稍微有点退步，凡凡的妈妈立刻就十分紧张。但是这个时候，妈妈没有帮助凡凡认真地分析其中的原因，而是一味地惩罚凡凡。

造成凡凡的成绩下降的原因是因为老师教得不好，还是凡凡上课没有认真听？是凡凡的学习方法不对，还是凡凡考试的时候太过粗心大意？抑或是因为父母放任自流，在家里没有督促过孩子学习？这些原因凡凡的妈妈从来都不愿意去考虑。

为了表示对凡凡成绩下降的"惩罚"，妈妈罚凡凡抄书，或者加倍给凡凡布置作业。结果，凡凡还是不知道自己考试成绩下降的原因，反而被妈妈的这种做法弄得心神不安，一到考试成绩公布的时候就很紧张，严重的时候还会出虚汗，渐渐地就更没有信心和精力学习了。

专家支招：

让孩子在反思中不断成长

1. 首先不要责备孩子

孩子的考试成绩不好，可能是多方面原因造成的，有客观的原因，也有主观的原因。一些父母看到自己的孩子成绩不佳，首先做的不是安慰孩子、帮助孩子分析原因，而是唠唠叨叨没完没了。这是错误的教育方式之一。还有的父母严厉地数落孩子："你怎么不用功啊？"更有甚者，还会对孩子进行打骂。这样的一些做法，都会打击孩子的学习积极性，也不可能让孩子心甘情愿地坐下来和父母一起分析考试失败的原因。

2. 充分考虑各方面的原因

父母需要从多方面入手，帮助孩子分析考试成绩不好的原因。孩子考试成绩不好的原因是多方面的，可能是社会原因，如网吧对未成年人敞开大门；也可能是家庭原因，如某段时期内家庭氛围不好影响到了孩子的心情等。只有考虑得尽量充分，父母才能够针对不同的原因想出相应的对策，帮助孩子采取不同的解决办法，否则就只能无的放矢。

3. 不要为下一次的考试制订指标

一些父母在帮助孩子分析了考试成绩不好的原因之后，就有一种急切地要求孩子改正的愿望，于是就规定孩子下次的考试成绩必须达到多少分、名次要进入前几名，这种方式也是十分有害的。父母越是这样，越会造成孩子心理上的紧张，对孩子反思考试失败的原因等都是很不利的。

诚实比分数更重要

父母都希望自己的孩子能够取得好的成绩，能够考出比较高的分数。每一个孩子也希望自己的成绩能够更高一点，这样就能够安慰父母关爱自己的心。但是，诚实是立身之本，一个人只有具备了诚实的品质，才能结出丰硕的人生之果。没有了诚实，纵然有再多的才能和学问，也得不到人们的信任。所以，在分数和诚实面前，父母应当引导孩子，让他对此有个正确的认识，否则的话，孩子就会错误地以为好的分数才是最终的目的，这样无论是对孩子的学习还是成长来说都是很不利的。

小波上小学五年级了，他每次考试的成绩都没有低过90分。

上个星期，学校举行了一次考试。卷子发下来之后，小波却发现这次考试成绩只有89分。看着这样的成绩，小波的眼泪顿时像断了线的珠子一样滚落下来，他心里想着：这样的成绩怎么向爸爸妈妈交代呢？小波仿佛看到了爸爸严厉的目光和妈妈失望的面容。

他越想越伤心，泪水滴在试卷上，使一道题中的"－"号模糊了，看起来就像是鲜红的"＋"。这也就意味着老师算总成绩的时候为自己少算了一分。想到这里，小波惊喜极了。

小波拿着试卷心惊胆战地来到讲台前，对老师说："老师，您把我的分数算错了。"老师拿过小波的试卷看了看，目光正落在那个"－"号上，匆匆算了一下分数，就为小波把分数加了上去。这样一来，小波的成绩就变成了90分。

回家之后，小波装作高兴的样子把自己的成绩告诉了妈妈，小心地把试卷递给妈妈，并在心里祈祷妈妈不要发现自己的"小把戏"。

妈妈满面笑容地看着试卷，可是渐渐地，妈妈的笑容消失了，她指着那个修改过的地方问小波："这个地方明明是错误的，为什么老师还给你多加了一分呢？你自己知不知道这件事情？"小波低着头，犹豫了一会儿才说："我不知道。不过才一分而已，就不要……"

妈妈严肃地说："你真的不知道？小波啊，妈妈当然希望你能够考高分，但是这样得来的高分是虚假的。你想要这样虚假的分数吗？"

小波的心里像打翻了五味瓶，恨不得找个地洞钻进去，他很快就坦白了自己所做的事情。妈妈并没有严厉地批评他，而是语重心长地说道："孩子，你一定要知道，成绩好当然很重要，但是诚实才是更重要的事情！"小波向妈妈认了错，并表示第二天一定到学校向老师认错。

在诚实和分数之间，一些孩子有时候会为了得到高分而丢掉诚实的美德。对于一个孩子来说，这样做其实并不是孩子有意识的不道德行为，毕竟孩子的年龄还比较小，对一些事情缺乏最基本的判断力，这时就需要父母能够从中进行适当引导。孩子是否诚实，和他受到的环境和教育的影响有直接关系。只有父母引导孩子认识到诚实的重要性，孩子才能够分清是非，渐渐懂得在诚实和分数之间该如何选择。

小飞上二年级，学校马上就要进行期末考试了。在考试前，爸爸对小飞说："儿子，只要这一次你能考100分，暑假里爸爸就带你去北京玩一个星期。"小飞高兴极了。

考试终于到来了。考完了之后，小飞就急切地等待着自己的成绩。过了两天，考试结果出来了，老师公布了大家的分数，小飞果然得了100分。听到了自己的成绩之后，小飞欣喜若狂，似乎已经看到了雄伟的英雄纪念碑和天安门城楼。试卷发下来之后，小飞快速地浏览着，忽然他发现了一处错误，可是这一处错误老师没有看见，所以也没扣分。这时小飞的心里激烈地斗争着：究竟是告诉老师还是就这样隐瞒下去呢？

想了好久，小飞终于还是决定告诉老师。他勇敢地走上讲台，向老师指出了试卷中的错误。老师当场表扬了小飞，说他是一个诚实的好孩子。回家之后，小飞把事情的经过告诉了爸爸。可是爸爸看到小飞考试没有考100分，一脸不痛快，对小飞所说的事情一点兴趣也没有，后来还为小飞没有考好而狠狠批评了他一顿。

故事中的小飞在分数和诚实面前选择了诚实，却遭到了爸爸的批评，如果父母都像这样过分看重分数而忽略孩子的品质的话，那么就会导致孩子不再诚实，甚至会为了分数而欺骗父母。

专家支招：

让孩子学会诚实地进步

1. 不要过分看重分数

父母重视孩子的考试分数是可以理解的，因为分数毕竟是学习状况的一种重要体现。然而有些父母因为自己的孩子考试没有考好，不管三七二十一就是一顿训斥，这样做会极大地伤害孩子的自尊心。而且这样的次数多了之后，就会给孩子这样一种印象：分数才是衡量自己是否优秀的唯一标准。这样的结果往往会导致孩子为了分数而不择手段，甚至可能为了得高分而作弊。

2. 让孩子明白诚实的重要性

父母要多向孩子讲一些"做人要诚实"的道理。由于孩子年龄小，父母应该把这些道理具体化、形象化、趣味化，让孩子更加深刻地认识到诚实是一种美德，诚实与分数相比具有更加重要的意义，使孩子明白什么是诚实，什么是虚假和欺骗；应该怎样做，不该怎样做。这样的话，当分数和诚实之间出现冲突的时候，孩子就会懂得如何做出正确的选择。

3. 奖励孩子关于分数的诚实行为

每一个孩子都希望自己能够考一个高分，但如果孩子在诚实和分数发生"冲突"的时候选择了诚实，那么父母一定要明白，这是需要非常大的勇气的。因此，父母一定要对孩子的这种选择进行奖励，千万不要因为孩子的成绩不好而采取急躁、粗暴的行为，甚至给孩子施加压力、打骂、体罚等，这样只会适得其反，造成孩子做出为了躲避责罚、打骂而说谎的行为——既然诚实得不到认可，那么当下一次再出现这样的情况时，孩子就很难再做出正确的选择了。

表扬孩子时，
请这样说……

孩子取得成绩和进步，理应受到表扬。但很多父母因为怕孩子骄傲自满，所以吝于表扬。其实这样的做法是不对的。表扬是对孩子的肯定，能够鼓励他下次做得更好，但是表扬要适度、客观，不能夸大孩子的成绩。表扬孩子时，父母请这样说……

这件事情你做得很仔细

> 粗心大意是许多孩子爱犯的毛病，它的危害性是不言而喻的。从短期来看，粗心大意会使孩子做事情的时候遭遇挫折。孩子在生活中丢三落四、学习上错误百出，这些都是粗心大意造成的结果。从长远来说，如果粗心大意的习惯不加以改正的话，就会影响到孩子以后的事业。所以当孩子做事情比较细心的时候，父母就要及时地对其进行表扬。这样就可以使孩子在下一次做事的时候采取同样的做法，有助于孩子养成细心的习惯。

小波刚刚4岁，平时对很多东西都很感兴趣，遇到什么不懂的问题就不断地向妈妈提问，妈妈也总是耐心细致地解答。

有一天，妈妈在浴室里放了一盆水，准备让小波洗澡。妈妈先让小波在浴室里等着，然后出去为小波拿换洗的衣服。等妈妈重新回到浴室时，却吃惊地发现，澡盆的水面上漂浮着小汽车、积木等玩具，还有一些纸片，而小波却坐在澡盆的外面光着屁股拼命地玩着水。妈妈上前问道："儿子，你不准备洗澡，在玩什么呢？"

小波一本正经地回答说："妈妈，你看我的手弄出来的像不像海浪呀？海浪就是这样一高一低的吧？"妈妈没有回答小波的话，而是进一步问道："你为什么把玩具都丢到水里去了？"小波接着说道："妈妈以前不是教过我说铁和石头放在水里会下沉，而塑料和纸片之类的会漂浮在水面上吗？我现在正是在验证妈妈说的话啊！你看，小汽车是铁的，很重，就沉到水底了。而小老虎是塑料的，很轻，就会浮起来。还有这些积木、纸片也浮在水面上了。妈妈说的都对。"

妈妈听了很高兴，原来儿子是在验证自己以前教他的知识，于是就接着引导孩子说："小宝贝，你做得很好，观察得很细致。妈妈过一会儿去捡块石头来，你就会知道石头会不会下沉了。"

就这样，妈妈一边帮小波洗澡，一边教会了他不少新的知识。

细致观察、细心做事，这些对孩子的成功是非常重要的。所有的父母都很重视培养自己的孩子的能力，也很羡慕那些智力超群的孩子，总想要自己的孩子超越别的孩子。其实孩子的智力和能力是在平时的一点一滴中不断发展起来的。当孩子在某些事情上表现出了细致的心思的时候，父母就要及时地对其进行表扬。

专家支招：

细心的孩子应该受到表扬

1. 不要把粗心的问题看得过重

对一个孩子来说，粗心常常是难免的。但是父母需要明白一点，那就是：粗心是孩子的心理和习惯问题，并不是孩子的品德问题。一些父母看到孩子粗心大意，气就不打一处来，往往会给孩子"上纲上线"，说孩子"不自觉""屡教不改"等。其实，孩子粗心的毛病在很多时候并不是父母所说的"提高觉悟"就能够轻易解决的。所以父母应该静下心来，不要把孩子的粗心问题看得过重，只要一点点地引导孩子，就可以渐渐帮助孩子改掉粗心的毛病。

2. 对孩子的细心行为要及时表扬

孩子如果有了细心的行为，父母就要及时地给予孩子表扬或者奖励。父母可以采取一些比较好的办法来鼓励孩子的细心行为，如和孩子一起制订一个减少粗心造成的错误的计划，使粗心的情况不断减少，直至最后消失。用这种方法来不断激励孩子，能帮助孩子逐步养成仔细、认真的好习惯。

3. 帮助孩子学会自我检测

粗心的孩子一般在做事情的时候不够专心，在事情做完之后也不愿意进行检查，所以才会造成某些错误。这时父母要帮助孩子逐步养成通过自己的检查发现错误并改正错误的习惯，这样才能从根本上克服孩子粗心的毛病，让孩子养成细心的好习惯。如果孩子因为粗心导致在平时的考试中成绩不太理想，父母也可以适当对他进行一点小小的惩罚，这样可以起到警示的作用。

你这次做事很有条理

和成年人相比，孩子的做事能力相对较差，处事经验也不足。他们的心理活动的随意性也很强，自我控制能力较差。当开始做一件事情或者在做事情的过程中，孩子们往往不加思考，想到哪里就做到哪里，结果往往由于缺乏条理而把事情弄得一团糟。父母要帮助孩子养成做事有条理的好习惯，这一点十分重要。

小斌今年7岁了，虽然年龄还比较小，但是他做起事情来却有模有样，常常显得比同龄的孩子要成熟。时间久了，爸爸妈妈也愿意把一些并不难的事情交给他去做，锻炼他做事情有条理的能力。

一个周末，爸爸妈妈带着小斌到离家一段距离的玄武湖公园去游玩。公园里的人挺多的，小斌的爸爸妈妈一边看着周围的风景一边照看着小斌。过了一会儿，妈妈帮爸爸照了一张照片，结果一回头，发现小斌不知道什么时候已经不在自己身边了。

这下，小斌的爸爸妈妈可慌了神。虽然孩子平时做事情比较成熟，但是毕竟年龄还小，如果出了什么事情，那该如何是好啊？他们想：小斌知道爸爸妈妈的电话号码，如果找不到爸爸妈妈的话，一定会想法和他们联系的。于是就在原地待着，等小斌打电话来。

果然，才过了不一会儿，爸爸的手机就响了。爸爸看到是一个陌生的当地号码，立刻就接了电话，果然那头是小斌。小斌让爸爸妈妈待在原地不要动，接着两人又说了两句话。小斌还没有来得及说清楚自己在什么地方，电话就断了。

爸爸妈妈更加着急了，不知道该怎么办才好。他们商量了一会儿，决定去报警。可是就在个这个时候，他们发现一个公园的工作人员领着小斌正向他们走来。

原来，小斌和爸爸妈妈走散之后，急忙用口袋里仅有的一个硬币给爸爸打电话，结果刚通了一会儿话，电话就断了。还好小斌告诉了爸爸妈妈在原地不要动，于是他就找到了公园的一个工作人员，向他描述了自己和爸爸妈妈走散的那个地方的景物。结果在工作人员的带领下，小斌很快就找到了爸爸妈妈。

看到小斌，妈妈高兴地抱着他说："这件事情你做得很有条理，妈妈真为你高兴！"此后，小斌做事情更加注意条理了，很多事情都不再需要爸爸妈妈操心了。

做事情有条理，才能够提高做事的效率，才能够提高做事的成功率。孩子们由于身心发展的特点，做事难免会丢三落四。父母不必过分担忧，让孩子养成做事有条理的习惯不是一朝一夕就能完成的，这需要在父母有意识的训练培养下才能逐步实现。父母应该记住：想让孩子养成做事有条理的习惯，一定要戒除孩子急躁的毛病。

小豆已经4岁了，可是做事情还是一点条理性都没有。在幼儿园里玩积木的时候，很多小朋友都玩得很好，哪个在先，哪个在后，总是先想好了再去摆放。可是小豆却不是，她经常是随便乱搭，结果玩到中途进行不下去了，就把积木丢得满地都是。

小豆做作业的时候就更是如此了。一到做作业的时间，小豆的桌子上就乱七八糟地堆成了一堆，又是作业本，又是书，铺得到处都是。可是小豆的妈妈却对此不以为然，她觉得孩子还小，这些都是难免的。

转眼间小豆已经上小学了，可是做事情仍缺乏条理性，几乎每天上学不是忘了带这个就是忘了带那个。每当这时候，妈妈都要赶紧给她送过去。结果，小豆快要小学毕业了，却依旧改不了做事没条理的习惯。

专家支招：

让孩子成为一个做事有条理的人

1. 成为孩子的榜样

父母是孩子最好的老师，所以要想让孩子做事有条理，父母首先就要以身作则。试想，当一个家里的餐厅、卧室、客厅到处都是乱糟糟的一团，就连沙发靠垫也被随手乱扔的话，在这样的家庭氛围里能够培养出做事有条理的孩子吗？答案显然是否定的，所以父母自己首先应当养成有条理的习惯，这样孩子才能受到感染，效仿父母的做法。

2. 帮助孩子养成按计划进行的好习惯

如果一个孩子有制订计划的好习惯，那么做事情就很少会丢三落四了。所以父母应该帮助孩子养成列清单、制订计划的习惯。这些计划的对象可以是孩子的家庭作业，也可以是家务，抑或是孩子所需要处理的琐事。父母不妨把这些计划写在一个本子上，孩子可以随身携带，随时翻看。

3. 让孩子在实践中学会条理性

做事有条理的孩子对时间的利用会更加有效，思考问题也会更缜密。父母可以在平时的生活中，为孩子创造一些锻炼的机会，让孩子在具体的实践中学会有条理地处理事情。如父母可以借助节假日的机会，让孩子学做家务，以此培养孩子做事的条理性。当面对繁杂的事情的时候，父母要引导孩子主动去分析哪个该先做哪个该后做。这样做几次之后，孩子就会逐渐找到有条理做事的感觉。

你能自己把它做好，
我真高兴

每一个孩子都不可能在父母的保护下过一辈子。孩子总要长大，总要离开爸爸妈妈的怀抱独自去面对很多事情。所以，孩子独立做事的能力需要及早培养。心理学研究表明：两三岁的孩子已经开始产生了强烈的自己做事的意识。当上幼儿园的时候，很多孩子的自信心已经开始迅速发展，所以，当孩子表现出想要自己做事的愿望的时候，父母应当进行配合，给予孩子适度的帮助、支持，使其独立行动的能力得到提高。也只有这样，才能够使孩子的做事能力得到较大提高。

小卡已经上小学五年级了，他的成绩一直比较好，尤其是数学成绩，更是名列前茅。由于不满足于课本上的知识，有时候小卡也会要求爸爸为自己出一些难度比较大的数学题。

一天晚上，小卡的爸爸给小卡出了一道新的题目，然后小卡就开始像往常一样专心致志地在书桌前认真思考起来。爸爸离开了儿子的房间，到客厅里去看报纸。

过了半个小时，小卡依旧没有从房间里出来。爸爸觉得可能是这道题目难度大了一点，就决定将解题方法告诉儿子。可是小卡却拒绝了，他坚定地说："不，爸爸，再等一会儿。我觉得自己就快要找到答案了，请您再给我一点时间，好吗？"说完之后，小卡就继续埋头思考了。

又过了一会儿，小卡的妈妈从厨房走了出来。她担心孩子的自尊心太强，会因为做不出来而难为情，于是就来到小卡的身边，准备劝劝他。可是小卡再一次拒绝了，并说一定要自己独立解决这道题。妈妈也只好离开了。

爸爸妈妈在外面耐心地等待着，都已经做好了儿子不能解出题的思想准备。可是刚刚过了几分钟，他们就听到小卡兴奋地喊道："我做出来了，我做出来了！"然后就看到儿子拿着那道题的答案，蹦蹦跳跳地跑了出来。

爸爸看了看他的答案，完全正确。他笑着对小卡说："你能自己把它做好，我非常高兴。说真的，你的毅力让爸爸和妈妈很感动。"小卡听了，自豪地笑了。

父母都应该对孩子要求独立的愿望持支持态度。当孩子第一次说"我要自己做……"的时候，父母千万不要在这时忽视孩子，更不能拒绝孩子，因为，这正是孩子要求独立做事的开始。对孩子的这种要求，父母千万不可以"扼杀"。这时，父母最好以欣喜和鼓励的语言与孩子交流，比如对孩子说："好啊，你来试一试！"一旦孩子独立而成功地解决了事情，父母更需要及时给予其肯定。只有这样，才能够让孩子得到这样的信号：爸爸妈妈喜欢我这样。否则，如果过分庇护孩子，就会让孩子连尝试错误的机会都没有，又何谈获得成功的体验呢？

小樱已经4岁了，但却总是很黏人，平时做什么事情都很依赖妈妈。妈妈给小樱买了不少玩具，其中堆积木的玩具最好玩，也最能锻炼孩子独立思考的能力，可是每次小樱堆积木的时候都要妈妈和自己一起玩。只要两个人一起，小樱就玩得很开心。一旦妈妈有了什么事情，叫她自己一个人玩的话，小樱就会不乐意，不愿意自己独立去搭一个小房子，或者一个小桌子。

有一次，妈妈正在洗衣服，被小樱看到了，于是她就要和妈妈一起洗。过了一会儿，妈妈洗完了衣服，要去做饭，于是就叫小樱自己去把手绢洗了。可是小樱看到妈妈不洗衣服了，也死活不愿意一个人去洗。每到这种时候，妈妈就觉得小樱还是个孩子，就依了她，有时候干脆就自己代小樱做了。而今，小樱都要上小学了，可是每天还不离妈妈的左右，这让妈妈十分苦恼。

专家支招：

独立的孩子成长更快

1. 给孩子独立做事的机会

孩子喜欢模仿成人做事，但是很多父母总担心孩子由于各方面发展还不够完善，做事的时候经常会帮倒忙，于是就不喜欢让孩子做事，怕他们弄脏衣服、弄脏地板，宁愿帮孩子代劳。其实父母给孩子机会独立做事，很多时候的目的并不在于结果，而在于孩子对整个过程的体验。因此，父母要给孩子提供足够的时间、空间、材料等，让孩子有独立做事的机会。孩子只有不断地独立做事，才能逐渐成长。

2. 恰当对待孩子独立做事的"缺陷"

一些父母名义上对孩子独立做事很支持，也希望孩子做事情尽自己最大的努力，可是，一旦孩子做事做得不彻底的时候，父母就会上前对孩子做的工作进行"清理"和"善后"。其实这是十分错误的做法，这样做往往会适得其反。因为如果父母把厨房角落里孩子漏下的地方又打扫了一遍，也就等于是在告诉孩子他做得不够好，这对孩子的自信心是一种打击。

3. 让孩子把独立做事当成一种兴趣

对于一些孩子来说，独立做事是需要很大勇气的，所以父母在引导孩子独立做事的时候，不妨采取一些小手段，让这些事情变得更加有趣。例如：当父母想要让孩子独立系蝴蝶结的时候，就可以在孩子常用的小书包上缝一条漂亮的绸带，这样会增加孩子独立处理这件事情的兴趣，不再让孩子认为这是一件需要付出巨大努力的"苦差事"了。

愿意为妈妈分忧，
你真是个好孩子

> 现在的家庭大多数都是独生子女家庭，独生子女在家中是大家关注的中心，不管什么事情父母都不愿意孩子插手。时间久了，孩子往往什么事情也不愿意做，更想不到主动替父母分忧。孩子愿意为父母分忧，说明孩子已经慢慢长大了，已经可以渐渐体会到父母的艰辛了。所以，当父母的某件事情由于获得了孩子的帮助而得以顺利完成的时候，父母一定要记住及时表扬自己的孩子，让孩子认识到自己的帮助起到了令父母满意的效果。

小霈今年5岁了，有一次，小霈和妈妈一起出门，两个人在公交车站牌下等待公共汽车。这时，忽然起了一阵大风。妈妈的围巾被风吹了起来，她想用手按住围巾，可是手里的皮包有点重，所以妈妈腾不开手。

这时候，旁边的小霈主动对妈妈说："妈妈，把你的皮包给我吧！我帮你拿着！"妈妈听了之后就把皮包递给小霈，开始整理自己的围巾。

正在这时，小霈的手忽然一滑，皮包掉在了地上。地上有一摊水，皮包正好掉在了水里。小霈吓得赶紧把皮包捡了起来，她以为妈妈会训斥她。

妈妈看到这么新的皮包被小霈掉到了水里，非常生气，想训斥小霈一顿："你怎么这么笨啊！连个皮包都拿不住？好好的皮包被你弄成这样，还让我怎么拿？"

可是想了想，妈妈还是忍住了，她看到小霈惊恐的表情，就若无其事地从小霈的手里接过皮包，然后拿出纸巾擦干净，笑着对小霈说道："干吗这么紧张？没事的，你看，皮包擦擦不就干净了吗？"

小霈还是担心地问："妈妈，我不是故意的，您不怪我吧？"

妈妈笑着说："妈妈当然不怪你了。你愿意主动帮妈妈拿皮包，说明你很愿意为妈妈分忧，这让妈妈很高兴啊！每个人都有不小心的时候，不过妈妈相信你以后一定会吸取教训的！"

小霈听了高兴极了，于是对妈妈说："妈妈，我保证以后不会再犯这种错误了，我还想帮你拿包，可以吗？"妈妈笑着把手中的包重新交给了小霈。这次小霈把包抓得紧紧的，朝着妈妈开心地笑了。

一些孩子愿意帮父母做一些事情，可是由于自己的能力有限，有时候会变成"好心办坏事"，帮了倒忙。这时，父母一定要明白：孩子帮父母做事情是无论如何都需要表扬的。那些聪明的父母会在表扬孩子的时候告诉孩子下一次怎么才能做得更好；而有些父母则只是一味指责孩子的错误，打击孩子的信心。

小雪的妈妈病了，小雪看到妈妈一副无精打采的样子，就学着做家务事，希望能够让妈妈少干点活。一天，小雪发现家里堆了不少脏衣服，由于妈妈病了，爸爸的工作比较忙，所以衣服还没有来得及洗。于是小雪就趁妈妈不在的时候，把这些衣服统统都拿了出来，然后学着平时妈妈洗衣服的样子，开始洗起来。虽然水很凉，但小雪还是很高兴——自己终于能够帮妈妈做事情了。

这时，妈妈从外面买菜回来了，一到家就看到小雪坐在小凳子上洗衣服，地上到处淌着水，小雪的脸上手上满是肥皂泡。妈妈急忙上前训斥小雪："你看你把家里弄成什么样子了？谁让你洗衣服来着？走开走开！"

看着妈妈凶巴巴的样子，小雪委屈极了，只好含着眼泪一个人走开了。结果，一直到晚上吃饭的时候，小雪还是一副闷闷不乐的样子。此后，小雪就再也不主动帮妈妈做事情了。

专家支招：

让孩子为父母分忧

1. 让孩子明白父母也有忧愁

在孩子的眼里，很多时候大人都是开心的，因为他们做任何事情都不需要别人的批准，只要自己想要去做就可以去做，没有别人在一旁说"你不许这样""你不许那样"。所以，孩子常常体会不到父母的忧虑。这就需要父母有意识地引导孩子，让孩子明白大人也有大人忧虑的事情，引导孩子为父母分忧。

2. 及时表扬孩子帮父母分忧的行为

一些父母经常抱怨自己的孩子不愿意做家务、不愿意帮助自己分忧，其实很多时候并不是孩子的问题。当孩子第一次尝试帮父母分忧的时候，或许父母并没有理解到这种愿望的重要性，反而有意无意地抹杀了孩子的这种积极性，所以才造成了孩子不愿意为父母分忧的现状。所以，当孩子表现出这种愿望的时候，父母一定要及时表扬孩子的这种行为，并鼓励孩子不断地坚持下去。

3. 善待孩子在为父母分忧时所犯的错误

孩子在帮助父母分忧的时候，虽然出发点是好的，但难免会出现很多意想不到的错误，结果往往不尽如人意。这时，父母一定要有耐心，帮助孩子不断地认识到如何才能够做得更好，而不是用粗暴的语言和行为将孩子所有的努力都加以否定。父母必须认识到：孩子从"帮倒忙"直至"帮到忙"，毕竟还需要一个过程，这也是孩子学习和成长的一个过程，父母对孩子一定要多一分宽容，多一分耐心。

这个主意听起来不错

每个人都有追求向上的主观愿望，并希望得到别人的支持；每个人也都想证明自己有能力，并希望得到别人的认可。对于孩子来说，自己提出的意见和建议能够得到父母的赞同，是他们获得自信的重要途径。在孩子眼里，父母的赞同是对其能力的肯定、对其行为的认可、对其动机的支持。得到了父母的肯定，孩子就会放开手，大胆做事，成功的概率自然要高些。因此，经常得到父母赞同的孩子，不仅能力出色，而且性格开朗活泼，信心十足。

小雨的妈妈钢琴弹得很不错，所以当小雨7岁的时候，妈妈就决定教小雨弹钢琴。在最开始的一段时间里，妈妈没有急于让小雨弹钢琴，而是选择了很多曲子弹给小雨听，以培养她对钢琴的兴趣。

妈妈选择了一些世界名曲，然后每天抽出一段时间来弹给小雨听，但是小雨似乎对这些精心挑选的曲子并不感兴趣，甚至有点无动于衷。

有一次，妈妈弹完了钢琴之后，对小雨说："小雨，你喜欢妈妈弹的这些曲子吗？"小雨眨了眨眼睛，说道："妈妈，你弹的这些曲子我不喜欢听。"妈妈有些惊讶，然后就笑着问道："这些曲子你真的不喜欢吗？那你喜欢什么样的呢？"

听妈妈这么一问，小雨一下子来了精神，于是就急忙报了很多乐曲的名字，都是平时小雨在学校里面学过的歌曲或是欣赏过的曲子。于是妈妈就根据小雨的爱好，在钢琴上弹起了她提到的那些曲子。小雨听了之后高兴得跳了起来。

这时候小雨又对妈妈说："妈妈，给我弹一些我们学过的歌吧，你弹的时候我可以一边唱，一边跳舞呢！"妈妈笑着说道："这个主意听起来不错！"于是就弹起了小雨在学校里面最常听的《办家家》。这是一首游戏前的准备音乐。小雨听了之后立刻就跳了起来。后来妈妈又弹了《小红帽》等歌曲，小雨一边听着钢琴的弹奏，一边快乐地跳着舞。

就这样，小雨渐渐地喜欢上了钢琴。终于，在妈妈的帮助下，小雨开始了钢琴学习的第一课。

肯定孩子的意见，就好比是给小树以阳光，没有了它孩子就不能茁壮成长。因此，父母必须学会肯定孩子的意见。有一些父母总是盯住孩子的错误，动辄训斥、辱骂甚至体罚孩子；对孩子正确的意见却不懂得去及时赞同，有时即使认同，也只是埋在心里，不肯表露出来。这样久而久之，就会导致孩子不愿和父母交流，甚至不愿回家。

一个美国孩子在院子里踢足球的时候，一不小心把邻居家的玻璃打碎了。结果邻居告诉孩子的父母说："我们家的玻璃是花了12.5美元买的，你们必须赔偿。"于是孩子的父亲就问孩子有什么好的办法。孩子说："爸爸，你可以把玻璃的钱先付上，在接下来的一年时间里，我可以通过自己的工作赚钱偿还。"

父亲认为这是一个好主意，于是就同意了。在接下来的一年里，这个孩子擦皮鞋、送报纸，打工挣钱，终于挣回了12.5美元还给了父亲。

可以想象，如果是在国内的话，即使是孩子提出同样的办法，能够同意孩子这样做的父母又有多少呢？

专家支招：

让孩子的意见得到重视

1. 赞同孩子的主意要及时

当父母认定了孩子的主意是一个不错的主意的时候，就应当立即赞同孩子。通过这样的举动，父母就可以让孩子在彷徨犹豫的时候得到最大的鼓励，增强孩子的自信心。否则时过境迁，鼓励的效果会大打折扣。

2. 及时引导孩子发表自己的见解

聪明的父母知道引导孩子发表自己见解的重要性。俗话说得好：智者千虑，必有一失；愚者千虑，必有一得。孩子虽然在经验等方面都不如成年人，但是也会有想出不错的主意的时候。父母应不断地鼓励孩子发表自己的见解，这样可以不断激励孩子通过自己的努力寻找解决问题的途径，从而不断地提高孩子的能力。

3. 鼓励孩子学会自我抉择和自我激励

父母不可能永远有时间鼓励孩子。很多时候，孩子的主意是好还是坏，往往需要孩子自己去判断。孩子的路毕竟要自己走，长大以后，他必须独自面对生活的艰辛，独自克服生命中的挫折。"授之以鱼，不如授之以渔"，因此，父母要注意培养孩子自我抉择和自我激励的习惯和能力。

你能够照顾别人的情绪，这是进步

一个人能够照顾别人的情绪、将心比心，这是一种十分重要的品质。这不但可以让别人感受到你的善意，而且有助于别人接纳你。对于孩子来说，如果能够在做事情的时候照顾到别人的情绪，父母就应当及时对这样的行为进行表扬，让孩子认识到自己的这种做法是多么有意义。

约翰一家住在法国南部的一个小镇上。有一次，镇里来了一个马戏团，马戏团的演出是孩子们的最爱。一天晚上，约翰的爸爸带着他一起去看马戏团体表演。

排队买票的人很多，等约翰和爸爸排到的时候，表演已经快要开始了，售票窗口只剩下另外一家人和约翰父子俩，那一家人排在约翰父子俩的前面。

这是一个大家庭：一对夫妇带着自己的8个孩子，这些孩子最大的也不超过12岁。他们看上去生活并不富裕，孩子们的身上都穿着廉价的衣服，不过洗得很干净。可以想象，要做出带孩子们出来看表演这样奢侈的决定，这对父母要下多么大的决心。

这些孩子都很可爱，他们乖乖地站成一排，手拉手叽叽喳喳地谈论着当天晚上将要看到的小丑和大象表演。从他们那种兴奋劲儿就可以知道，他们以前没有在现场看过马戏团的表演,而这个夜晚将是他们童年中最难忘的一夜。

售票员小姐问站在最前面的父亲要买几张票。那个父亲兴奋地说:"我们需要8张小孩票和2张大人票。"售票员小姐告诉了他价钱。这时候,孩子的父亲开始有些不安,他往前靠了靠,又确认了一次。然后,他无奈地回过头,然后准备对孩子说他带的钱不够,看不成表演了。

约翰看到这一幕,就对爸爸说:"爸爸,我今天可以不去看表演。"爸爸立刻就明白了约翰的意思,于是赞赏地点了点头,然后毫不犹豫地把手伸进了自己的衣袋,掏出一张20美元的钞票并把它扔到了地上。接着他弯腰拾起了那张钞票,拍着那位父亲的肩膀说:"先生,您的钱掉了。"

那位父亲看着那张钞票,立即就明白了。他接过钱,望着约翰父子俩,眼泪夺眶而出,激动地说:"谢谢!"然后买了票,领着欢天喜地的孩子们走进了马戏团的帐篷。

回家的路上,爸爸对约翰说道:"孩子,虽然你没能够看成表演,但是你却照顾到了别人的情绪。我想,你已经长大了。"

每一个人在生活中都可能遭遇到暂时的不幸,或者遭受痛苦和挫折。一个善良的人、有修养的人一定会在别人身陷困境时,伸出自己的友爱之手、援助之手。对于孩子来说,养成这样的一个习惯非常重要。父母应当及时表扬孩子的这种行为。

小穗上小学五年级了,他的学习成绩不错。有一次,小穗的学校举行考试,考试成绩公布的那一天,小穗的爸爸到学校来接小穗回家。

到学校的时候,爸爸正好看到小穗和他的好朋友小胖一起出来。平时两个人的关系很好，在一起总是有说有笑的，可是今天两个人的表情却很不同。小穗表现得兴高采烈，而小胖却低着头，一句话也不说。

看到爸爸来了，小穗高兴地拉着小胖向爸爸跑过来。一见面，小穗就对爸爸说："爸爸，我今天考试又得了100分！"爸爸高兴地抱住小穗亲了一下，说道："真是爸爸的好儿子，比谁都强！"然后爸爸就问小胖："小胖，你考了多少分啊？"小胖小声地说："80分。"

由于他们回家是同路，于是三个人一起走。一路上，小穗不断地向爸爸说自己的成绩如何如何好，爸爸也总是对小穗说要如何如何奖励他，可是小胖却一声不吭。

这件事情之后，小胖就很少与小穗一起玩了，可小穗却不知道自己做错了什么。

专家支招：

让孩子学会照顾他人的情绪

1. 父母要为孩子做出榜样

从一个孩子的行为中就可以看得出父母行为的影子。对于父母来说，要想让孩子养成照顾他人情绪的好习惯，自己在生活中就应当时时注意这样做。否则的话，只是一味口头说教是没有任何意义的，也不会有作用的。

2. 不可溺爱孩子

当今社会，独生子女越来越多，大多是全家的中心，这样一来，他们就很容易养成自私的习惯，不懂得照顾他人的感受，凡事喜欢以自我为中心。这就需要父母对孩子进行引导，从小培养孩子照顾他人情绪的习惯，而不应过分溺爱孩子。

3. 让孩子学会转换角色

当一些孩子不懂得照顾别人感受的时候，父母可以让他们进行一些转换角色的训练。如在孩子与朋友之间发生冲突时，要求孩子停下来冷静地思考一下：如果自己站在对方的立场上考虑问题会有什么感受？这是一个很不错的办法，不但能够增强孩子的同情心，也会让孩子在不知不觉中成为一个能够体谅他人、心中充满爱的人。

书目

001. 唐诗
002. 宋词
003. 元曲
004. 三字经
005. 百家姓
006. 千字文
007. 弟子规
008. 增广贤文
009. 千家诗
010. 菜根谭
011. 孙子兵法
012. 三十六计
013. 老子
014. 庄子
015. 孟子
016. 论语
017. 五经
018. 四书
019. 诗经
020. 诸子百家哲理寓言
021. 山海经
022. 战国策
023. 三国志
024. 史记
025. 资治通鉴
026. 快读二十四史
027. 文心雕龙
028. 说文解字
029. 古文观止
030. 梦溪笔谈
031. 天工开物
032. 四库全书
033. 孝经
034. 素书
035. 冰鉴
036. 人类未解之谜（世界卷）
037. 人类未解之谜（中国卷）
038. 人类神秘现象（世界卷）
039. 人类神秘现象（中国卷）
040. 世界上下五千年
041. 中华上下五千年·夏商周
042. 中华上下五千年·春秋战国
043. 中华上下五千年·秦汉
044. 中华上下五千年·三国两晋
045. 中华上下五千年·隋唐
046. 中华上下五千年·宋元
047. 中华上下五千年·明清
048. 楚辞经典
049. 汉赋经典
050. 唐宋八大家散文
051. 世说新语
052. 徐霞客游记
053. 牡丹亭
054. 西厢记
055. 聊斋
056. 最美的散文（世界卷）
057. 最美的散文（中国卷）
058. 朱自清散文
059. 最美的词
060. 最美的诗
061. 柳永·李清照词
062. 苏东坡·辛弃疾词
063. 人间词话
064. 李白·杜甫诗
065. 红楼梦诗词
066. 徐志摩的诗

067. 朝花夕拾	100. 中国国家地理
068. 呐喊	101. 中国文化与自然遗产
069. 彷徨	102. 世界文化与自然遗产
070. 野草集	103. 西洋建筑
071. 园丁集	104. 西洋绘画
072. 飞鸟集	105. 世界文化常识
073. 新月集	106. 中国文化常识
074. 罗马神话	107. 中国历史年表
075. 希腊神话	108. 老子的智慧
076. 失落的文明	109. 三十六计的智慧
077. 罗马文明	110. 孙子兵法的智慧
078. 希腊文明	111. 优雅——格调
079. 古埃及文明	112. 致加西亚的信
080. 玛雅文明	113. 假如给我三天光明
081. 印度文明	114. 智慧书
082. 拜占庭文明	115. 少年中国说
083. 巴比伦文明	116. 长生殿
084. 瓦尔登湖	117. 格言联璧
085. 蒙田美文	118. 笠翁对韵
086. 培根论说文集	119. 列子
087. 沉思录	120. 墨子
088. 宽容	121. 荀子
089. 人类的故事	122. 包公案
090. 姓氏	123. 韩非子
091. 汉字	124. 鬼谷子
092. 茶道	125. 淮南子
093. 成语故事	126. 孔子家语
094. 中华句典	127. 老残游记
095. 奇趣楹联	128. 彭公案
096. 中华书法	129. 笑林广记
097. 中国建筑	130. 朱子家训
098. 中国绘画	131. 诸葛亮兵法
099. 中国文明考古	132. 幼学琼林

133. 太平广记
134. 声律启蒙
135. 小窗幽记
136. 孽海花
137. 警世通言
138. 醒世恒言
139. 喻世明言
140. 初刻拍案惊奇
141. 二刻拍案惊奇
142. 容斋随笔
143. 桃花扇
144. 忠经
145. 围炉夜话
146. 贞观政要
147. 龙文鞭影
148. 颜氏家训
149. 六韬
150. 三略
151. 励志枕边书
152. 心态决定命运
153. 一分钟口才训练
154. 低调做人的艺术
155. 锻造你的核心竞争力：保证完成任务
156. 礼仪资本
157. 每天进步一点点
158. 让你与众不同的8种职场素质
159. 思路决定出路
160. 优雅——妆容
161. 细节决定成败
162. 跟卡耐基学当众讲话
163. 跟卡耐基学人际交往
164. 跟卡耐基学商务礼仪

165. 情商决定命运
166. 受益一生的职场寓言
167. 我能：最大化自己的8种方法
168. 性格决定命运
169. 一分钟习惯培养
170. 影响一生的财商
171. 在逆境中成功的14种思路
172. 责任胜于能力
173. 最伟大的励志经典
174. 卡耐基人性的优点
175. 卡耐基人性的弱点
176. 财富的密码
177. 青年女性要懂的人生道理
178. 倍受欢迎的说话方式
179. 开发大脑的经典思维游戏
180. 千万别和孩子这样说——好父母绝不对孩子说的40句话
181. 和孩子这样说话很有效——好父母常对孩子说的36句话
182. 心灵甘泉